高职院校
思想政治理论课立体化教学改革的探索与实践

杨飏 著

重庆大学出版社

图书在版编目(CIP)数据

高职院校思想政治理论课立体化教学改革的探索与实
践／杨飏著. -- 重庆：重庆大学出版社，2022.12
ISBN 978-7-5689-3555-5

Ⅰ.①高… Ⅱ.①杨… Ⅲ.①思想政治教育—教学改
革—研究—高等职业教育 Ⅳ.①G711

中国版本图书馆 CIP 数据核字(2022)第 173063 号

高职院校思想政治理论课立体化教学改革的探索与实践

杨 飏 著

策划编辑：唐启秀

责任编辑：李桂英　　版式设计：唐启秀
责任校对：谢　芳　　责任印制：张　策

*

重庆大学出版社出版发行

出版人：饶帮华

社址：重庆市沙坪坝区大学城西路 21 号

邮编：401331

电话：(023) 88617190　88617185(中小学)

传真：(023) 88617186　88617166

网址：http://www.cqup.com.cn

邮箱：fxk@ cqup.com.cn (营销中心)

全国新华书店经销

POD：重庆新生代彩印技术有限公司

*

开本：787mm×1092mm　1/16　印张：10.25　字数：184 千
2022 年 12 月第 1 版　　2022 年 12 月第 1 次印刷
ISBN 978-7-5689-3555-5　定价：68.00 元

前　言

习近平总书记指出,思想政治理论课是立德树人的关键课程,作用不可替代。思想政治理论课要坚持在改进中加强,要充分发挥思想政治理论课的主渠道作用,不断增强教学的吸引力、说服力、感染力。

大力推进思想政治理论课教学改革,是习近平总书记关于思政课建设的重要论述的应然要求,是助推思想政治理论课教学质量、增强教师存在感的重要举措,是助力学生成长与成才、增强学生获得感的关键抓手。高职思政课立体化教学改革实践更是一项系统工程,涉及学校、教师、思想政治教育工作者、学生等各类主体,也受到现代信息技术、课程建设等方面的制约。这就需要突破传统的"单兵突进"方式,综合文献研究、比较研究、行动研究等多种方法,从理念、目标、内容、方法、模式等各个方面进行优化创新,建构立体化教学实践体系。

近年来,专著撰写团队以习近平新时代中国特色社会主义思想为指导,全面落实习近平总书记关于思政课建设的重要论述要求,立足高职院校实际,面向高职院校思想政治理论课建设的需要,从坚持社会主义办学方向、坚持立德树人等基础理论入手,以高职院校思想政治理论课建设的根本要求和现实状况为遵循,系统构建了高职思想政治理论课立体化教学改革的原则、方法、举措等内容,并提出了未来的展望。

本书在遵循思想政治理论课教学规律的前提下,以理论逻辑为基础、教学逻辑为指导、实践逻辑为指向,深入探究高职思政课立体化教学改革这个主题,全书共分为九个部分:绪论系统梳理了高校思政课改革理论研究与实践探索的历史脉络,以及研究内容、逻辑框架等;第一章回答了高职思政课为什么要始终坚持社会主义办学方向;第二章阐释了高职思政课如何巩固马克思主义意识形态主导权;第三章论述了高职思政课怎样落实立德树人根本任务;第四章罗列了高职思政课的建设要求究竟有哪些;第五章从历史的维度回答高职思政课教学改革的历程及其现状;第六章深入探寻了高职思政课立体化教学改革的举措;第七章深刻总结高职思政课立体化教学改革的经验;第八章系统分析高职思政课立体化教学改革的现实启示,以及未来展望。

本书由杨飏负责全书总体设计和审稿工作。各章节具体分工如下:绪论由杨飏负责,第一章、第二章由杨飏、刘世凤负责,第三章由杨飏负责,第四章由杨飏、盛星负责,第五章由兰竹负责,第六章由杨飏、王博负责,第七章、第八章由杨飏、刘春伶负责。

该成果是教育部思想政治工作创新发展中心(重庆城市管理职业学院)和重庆市高校黄大年式教师团队的研究成果,重庆市社会科学规划专项重点项目《把党的十九届六中全会精神融入职业院校思想政治理论课研究》(2021ZDCS06)、重庆市教委高等教育教学改革研究重点项目《大思政视域下高职思政课立体化教学模式创新与实践研究》(Z212022)阶段性研究成果、重庆市高校优秀中青年思想政治理论课教师择优资助计划《以习近平总书记关于大学生思想政治教育重要论述为引领的高职思政课"1+3"协同育人体系构建与实践》(20SKSZ087)、重庆市教育委员会人文社会科学研究项目《协同育人视域下大中小学思政课一体化建设路径研究》、重庆城市管理职业学院十九大精神研究阐释重点项目《习近平总书记关于思想政治教育重要论述对高职思政课教学改革引领研究》(sjdzdxm02)的研究成果。

编　者

2022 年 8 月于重庆

目　录

绪　论

思政课是立德树人的关键课程,推动高职院校思政课课程改革是落实习近平总书记在学校思想政治理论课教师座谈会上讲话精神的必然要求,是实现思政课高质量发展的应有之义,也是培养社会主义接班人的重要举措。思政课建设向前发展离不开改革,通过提高思政课实效性,提升课堂"抬头率""点头率",增强学生的获得感和教师的价值感。围绕提升思政课的思想性、理论性和亲和力、针对性,推动课程改革要做到"八个统一",为思政课改革提供了方向。

一、国内外文献研究

通过梳理近些年高校思政课改革的研究方向、内容,把握学术界对高校思政课,特别是对高职思政课改革的认识,为研究高职院校立体化教学改革提供借鉴与参考,充分利用有效经验,解决现阶段问题,推进学校思政课建设的实效性。系统梳理知网近些年研究成果发现,学界对思政课的研究集中在以下几个方面。

(一)对高校思政课改革的整体性研究

1. 关于习近平总书记在"3·18"座谈会上讲话精神的研究

2019年3月18日,习近平总书记在学校思想政治理论课教师座谈会上的讲话为高职院校思政课改革明确了方向并提供了基本遵循。推动高职思政课立体化改革,要准确理解习近平总书记在"3·18"座谈会上讲话的深刻内涵。对此学界做了深入的研究,研究成果丰富。例如,在思政课改革的遵循原则研究中,学者对"八个相统一"的深刻内涵及其之间的关系做了深入研究,对准确把握改革方向提供了基本遵循。此外,在教师队伍建设方面,围绕"六个要"要求做了深入研究。学界对习近平总书记在学校思想政治理论课教师座谈会上的讲话研究,进一步厘清了思政课建设中的各个关系以及思政课建设的重点内容和方向,为思政课改革指明了方向。

2. 关于思政课课程实效性研究

通过思政课改革,不断夯实思政课立德树人的基础,增强课程的实效性。思政课实效性的提升需要在教学理念、教学模式、教学手段、教学方法、教学评价、教师队伍建设等各个维度、各个环节、各个层面协同发展,形成整体合力。魏勃提出要重视现代信息技术与思政课建设的融合发展,同时要加强思政课教师素养的培训,提升教师的综合素养。董金明、陈梦庭等提出,要加强马克思主义理论的研究,把马克思主义的立场、观点、方法贯穿于教学活动中,及时把党的最新理论成果融入教学,同时要加强教研活动,通过集体备课、教研活动,不断实现教材体系向教学体系转化,提升教学实效性。也有学者认为要重视课堂氛围建设,通过讲好中国故事、红色故事、中华传统优秀文化故事,调动学生参与课堂的积极性,提升学生学习兴趣,促使学生对党的科学理论的认同。针对高职思政课实效性建设,有学者提出要准确把握高职思政课特点,从学生实际出发,把现代职业教育理念融入思政课育人过程中,从而实现高职思政课建设发展。也有学者结合产教融合的大背景,重视双师型队伍建设,加强课程思政建设,更好与专业课相结合,培育学生树立正确的职业观念和职业精神。

学者对提升课堂实效性做了多个维度的探究,这也为高职院校思政课立体化教学改革提供了基本的思路,构建了改革的基本框架。但从整体来看,研究主要以本科院校学生为对象开展,对高职院校思政课改革不足。高职院校思政课建设与本科思政课建设有共性之处,同时也有不少差异化特点,需要进一步抓住高职院校教学特点和规律,探索高职院校思政课提升课程实效性的具体路径。从现有研究来看,宏观研究和具体研究都不少,但缺乏针对性、系统性,整体性存在不足。

3. 关于课程思政背景下推进思政课建设研究

在课程思政建设的大背景下,学者对思政课课程思政建设方面做了具体研究。针对思政课课程建设,学者对课程思政和思政课程之间的关系和建设内容做了深入研究。两者在育人的目标和方向、内容等方面有一致性,同时在实践中各有侧重。思政课教师要发挥思政课堂教学主渠道作用,贯通思想政治理论课教学目标与专业人才培养目标,不断探索"思政课程"与"课程思政"协同育人模式。

(二)关于思政课教学内容研究

思政课作为立德树人的重要课程,要贴近学生生活、直面现实困惑、拓宽学生视野,这就要求思政课教学内容必须与时俱进,思政课改革同样需要加强教学内容的研究。思政课教学内容要丰富教学内容,拓展理论深度,实现思想提升和能力提高。从丰富课程理论的角度来看,学界有以下几个方面的研究。

1. 关于习近平新时代中国特色社会主义思想融入思政课

习近平新时代中国特色社会主义思想融入思政课是思政课改革的应有之义。坚持把习近平新时代中国特色社会主义思想融入教学活动对于落实立德树人目标,提升学生政治、法治素养具有现实意义。学术界对党的最新理论融入思政课教学中做了广泛研究,有学者指出不仅要融入各门思政课中,也要开设相应的选修课、专题课,真正实现常态化教学,落实"三进"要求。

2. 关于中华优秀传统文化融入思政课

中华传统优秀文化与思政课育人功能具有一致性。中华优秀传统文化作为中华民族宝贵的精神财富,蕴含丰富的育人元素,把其融入思政课教学对于提升学生人文素养,增强民族自信有重要意义。有学者从理论层面阐释中华优秀传统文化的时代价值和现实价值。也有学者从实践教学角度出发,强调把中华传统文化融入实践教学的重要性。

3. 关于社会主义核心价值观融入思政课

社会主义核心价值观是社会主义文化建设的重要组成部分。思政课作为立德树人的关键课程,是开展社会主义核心价值观教育的重要阵地。有学者提出,思政课教学中需要加强典型案例凝练,坚持用真理说服人、用真情感染人、用真实打动人,弘扬社会主义核心价值观,做到显性教育与隐性教育相结合。

4. 关于"四史"融入思政课教学

"四史"教育融入高校思政课是提升思政课实效性和针对性的有效途径和重要素材,使学生增强理想信念培育,担当时代使命。有学者指出,把"四史"融入思政课必须把握政治性、理论性、时代性原则,坚持理论与实践结合、历史与现实结合,明确融入的合理性、价值性以及方向性。同时在"四史"教育融入思政课中,红色革命文化融入课程也是学界关注的一个方向。把红色革命文化融入思政课对于坚定文化自信、增强文化自觉具有重要意义。有学者提出,需要建立师生协同机制,加强配套设施建设,努力实现历史与现实的统一。

除了上述研究之外,思政课教学内容研究涵盖了职业教育、地方传统文化等多个方面。例如,有学者提出思政课教师应重视职业教育培养,从教学内容到教学方式等多个维度进行融合。有学者提出地方优秀传统历史文化资源是开展思政教育的有效资源,挖掘传统文化的理论价值、道德价值、实践价值和社会价值,服务于课程资源。也有学者提出教师要不断地讲好中国故事,唱好中国声音,需要教师把相关内容转化为高职院校的话语体系。融入行业元素,丰富话语内容。从教学内容研究视角来看,这些年学术界围绕理论热点和现实热点,不断挖掘思政育人元素,丰富教学内容,从多个维度丰富了思政课教学内容,并不断创新教学话语体系。相关研究为创新思政课内容提供了开阔的视野以及具体的措施。但也要看到在创新教学内容方面,零散研究多,主体研究不足。宏观研究居多,微观研究不足。理论教学研究居多,实践研究不足。

(三)思政课教学方法研究

教学方法创新是教学改革的重要环节,符合认知规律和时代发展的教学方法能有效提高教学质量。学界对教学方法的探索主要有:

1. 问题导学法

问题导学法是以问题为线索,层层推进,不断解析问题,实现教学目标的方法。有学者提出思政课教学过程中教师要重视问题的凝练,陈述核心问题和重要问题,做好问题的梳理,形成问题框架,在教学中,师生互动,通过解决问题的办法推进教学的开展。也有学者提出要重视培养学生的问题意识,以及梳理问题的思维。

2. 翻转课堂教学

翻转课堂教学是一种混合式教学的方法,突出学生的主体性地位,发挥信息技术在思政课教学中的作用,对于激活学生主动性、积极性,具有重要意义。有学者提出要处理好线上和线下的关系,在教学的不同阶段充分准备,助力理论教学和实践教学的实效性提升。也有学者提出重视翻转课堂考核,实施全程化考核评价办法,提升思政课教学效果。

3.专题教学法

专题教学法是重要的思政课教学方法,是实现教材体系向教学体系转化的有效途径。白夜昕分析了当前思政课专题化教学中存在的主要问题,并尝试提出专题化教学应当遵循的主要原则和解决专题化教学现存问题的具体措施。

(四)思政课实践教学研究

1.思政课实践教学的整体性研究

实践教学是思政课的重要组成部分,也是培养学生实践能力、理论联系实际能力的重要途径。针对当前思政课实践教学环节存在的现实困境,学者展开了多维度的研究。有学者提出思政课实践教学坚持课程理念,围绕课程目标有效开展教学,避免窄化或泛化。有学者对实践教学形式做了研究,提出建立课堂、校内、校外、网络等多维度的实践教学。也有学者提出要重视思政实践资源的打造,有效提高思政课实践教学的供给能力和水平。同时创新实践考核方式,激活学生实践动能。

2.实践教学内容创新研究

实践教学要紧紧围绕教学大纲和教学实际展开,在实践中要把校园实践和社会实践、企业实践紧密结合起来。有学者提出建立思政课实践教学与专业课实践教学的融合平台,实现思想育人与专业育人的紧密结合,助力课程思政。也有学者提出要重视学校社团建设,积极与相关社团开展实践教育活动。依托社团自身优势,适时进行思想政治理论课教学,提升育人效果。除此以外,开展参观红色文化实践教育基地、"三下乡"等实践项目。也有教师总结了项目教学法、情景剧教学法、马克思主义经典阅读分享、实践展示比赛等实践教学内容。

3.实践教学形式创新研究

信息技术在思政课实践教学中的应用越来越广泛,利用新技术解决实践过程中的问题具有得天独厚的优势,同时新技术更能激发学生实践参与。当前新技术层出不穷,学界对新技术应用于思政课实践做了有效探索。有学者对虚拟实践进行了探究,提出学校应积极构建虚拟实践教学体系,加大虚拟实践资源开发、开展虚拟实践教学,加强实践教学网络平台建设等。

(五)关于信息技术在思政课教学方面的应用研究

信息技术融入教育是时代发展的必然趋势,也是思政课改革的重要方向。把握新技术与思政课之间的关系,利用信息技术推动思政课教学改革也成为学界关注的热点。

1. 信息技术在思政课堂的应用研究

信息技术发展迅速,在很大程度上改变了教学方式和方法,也越来越为学生所认可和接受。对教师而言,要更新教学理念以更好地推动教学改革。有学者提出要树立信息技术应用理念,充分发挥信息技术优势,不断构建信息技术高度融合的课程建设体系。也有学者提出实施思政课教学智能化建设系统工程,形成智能课程教材体系、智能教学平台、智能教学环境、思政课教师智能素养四个有机联系的模块,做到分阶段、分步骤实施,解决各学段相互衔接、思政课程与课程思政相互衔接、党政产学研协同共建等问题。

2. 信息技术支持下的教学平台建设研究

网络教学平台建设是开展信息化教学的前提,只有把相关学习平台合理融入教学实际中才能推动技术服务于教学。为此,有学者提出建设互联网云平台空间,通过空间课堂教学、空间交流互动、空间批改作业及考试三项主要内容,推进思政课教学建设。同时加强网络资源建设,形成资源共享平台,加强线上学习资源建设,特别是微课资源的打造。此外,有学者对当前社会中使用各种学习平台做了相应的研究。有学者认为利用微信移动学习平台优势,构建高校思政课教学平台。也有学者提出充分利用"学习强国"APP 的各个板块内容,分步骤提出基于不同板块的高校思政课教学有效路径,以期通过该 APP 增强高校思政课教学吸引力,丰富教学内容,深化教学内涵。

(六)思政课教师队伍建设的研究

思政课教师队伍建设是推动高校思政课高质量发展的重要环节,建立一支可信、可敬、可靠,乐为、敢为、有为的思政课教师队伍,是更好实现立德树人任务的关键。学界围绕"政治要强、情怀要深、思维要新、视野要广、自律要严、人格要正"的"六个要"标准做了具体研究。

有学者提出思政课教师不仅要有较高的政治觉悟和扎实的专业素养,也要培育良好的道德品质。同时坚持马克思主义理论学习,提升传统优秀文化素养,联系学生专业学科,做教学的多面手。也有学者从教师激励角度出发,提出要革新激励机制、落实主体责任保障、提升教师地位等多个方面举措。此外,也有学者从教师评价机制方面做了相关研究,提出开展整体性、系统性评价,注重评价各要素相互联结而产生、推动评价运行向前发展的作用力量的联结方式。

(七)思政课考核改革研究

思政课考核也是学界关注较多的一个方向。有效的考核方式对于推动提升思政课实效性具有重要意义。有学者提出要把考核形式与教学内容结合,与学生喜闻乐见的形式结合起来,从知识、能力、情感与行为四个维度重新设计现有考试考核体系,同时注重日常思政教育活动与思政课考核的结合。也有学者提出重视对高职学生的横向评价和纵向评价,并强调考核评价结果的及时反馈与应用。

二、研究主要内容与逻辑框架

本书研究主要包括以下几个部分:

绪论部分阐述了本书研究的目的、意义、主要内容以及相应的研究方法等,梳理了近些年高校思政课教学改革并进行综述。

第一章阐述了思政课的地位以及办学方向。思政课是事关党、民族千秋伟业的关键课程,思政课建设必须坚持社会主义办学的方向。本章从理论逻辑、历史逻辑与实践逻辑三个层面论述坚持社会主义办学方向的必要性。

第二章阐明加强思政课建设是巩固马克思主义阵地的重要举措。本章分析了现阶段高职学生的思想动态及特点,并进一步指出当前学校社会主义意识形态教育面临着多方面的挑战,如来自西方思潮的冲击,非主流意识形态的全面渗透,泛娱乐化、拜金主义等不良思想的泛滥,以及对意识形态教育的忽视,思政课主渠道作用发挥不充分,校内外协同育人机制尚未完全建立起来。为了巩固马克思主义意识形态,需要明确思政课教师在意识形态教育中的核心地位,坚持课程思政与思政课程同向同行,统筹推进大中小思政课一体化建设。

第三章阐明思政课的根本任务是立德树人。本章探析了立德树人思想的历史渊源及其内涵,为高职思政课改革提供了目标导向、价值遵循以及方法论原则;阐明了思政课与立德树人之间的关系，为思政课改革指明了方向。

第四章论述了当前思政课建设的基本要求和特殊要求。本章明确了新时代思政课的建设标准，以不断增强思政课的思想性、理论性和亲和力、针对性为方向，重点完善思政课课程体系，建设一支符合"六个要"标准的思政课教师队伍，全面加强党对思政课建设的领导。坚持立德树人为中心，以习近平新时代中国特色社会主义思想铸魂育人为关键，不断培养社会主义建设者和接班人。

第五章论述了高职思政课教学改革的现状。本章梳理了高职思政课课程设置、教材体系、教学体系沿革及其经验，阐明了思政课教学改革的历史沿革，同时从知识视野、价值视野、方法论视野方面阐明了思政课改革的实践。

第六章论述了高职思政课立体化教学改革的举措。本章从课堂改革、师资队伍建设、校内协同、校外协同、网络资源整合等不同维度对高职院校思政课改革创新做了深入探究，通过多维度改革形成教学改革合力，提升教学质量。

第七章总结了高职思政课立体化教学改革的经验，以及高职院校在思政课创新改革方面的成果和经验。

第八章是高职思政课立体化教学改革的启示与展望。

三、研究方法

（一）文献研究法

本书通过查阅高校思政课改革创新的研究书籍、论文等文献，梳理近些年高职思政课建设方面所取得的成就及宝贵经验，了解高职院校思想政治理论课建设现状和存在问题。通过文献研究进一步明确方向和研究重点，把握创新点和夯实本书的理论基础。

（二）调查法

调查法是在文献研究法基础之上，了解各高职院校在思政课建设中实际的举措和成效。本书通过对重庆市高职院校的调查，一方面通过采访相关院校师生、开展座谈会等形式，了解学校思政课开展状况和成效；另一方面通过线上线下的问卷调查形式，了解各校思政课改革创新情况，为研究思政课立体化改革提供借鉴和改进的意见。

四、研究意义

在 2019 年 3 月 18 日学校思想政治理论课教师座谈会上,习近平总书记强调思政课是落实立德树人根本任务的关键课程,思政课的作用不可替代。高职院校作为培养社会主义建设者和接班人的重要阵地,不断提升思政课实效性是落实和贯彻习近平总书记重要讲话精神的必然要求,也是提升学校办学质量和人才培养的重要路径。当前,在各高校高度重视思政课建设的大背景下,思政课的质量明显提升,学生认可度不断增强。同时也应该看到思政课教学中依然存在着不少问题,需要通过改革的办法解决。当前开展高职院校思想政治理论课立体化改革研究,对于认清高职院校思政课改革现状,把握思政课改革规律,提升教学实效性具有重要意义。

(一)理论意义

把握高职院校思政课地位与价值,了解关于思政课改革现状和具体举措,总结高职院校思政课改革成果和经验。高职院校思政课教学与本科院校思政课建设方面存在共性和差异性,学界对共性问题研究较多,对高职院校整体性研究不足。关于高职院校思政课改革,学界以教学方法、教学手段、教师队伍建设等“面”的研究为主,对全方位改革研究不足。对高职院校思政课立体化改革研究,从高职思政课本身研究入手,把握高职院校思政课课程历史地位、内在价值、学科特点、育人规律、历史沿革等多方面内容,形成对高职思政课立体化改革的整体性认识,从而对相关院校开展思政课改革创新提供理论借鉴。

(二)实践意义

改革是不断提升高职院校思政课建设水平的必由之路。高职院校思政课建设内容广泛,需要多方发力,才能形成改革的合力。本书对高职院校思政课立体化教学改革进行研究,体现了改革的整体性、全面性、系统性,这为高职院校思政课教学改革提供了总体性认识和改革思路,同时也为教师进行教学实践提供了参考,深化对思政课的认识,转变教学思维,改善教学方法、多样化教学手段,全面提升理论教学和实践教学的质量。

第一章　始终坚持社会主义办学方向

　　"敬教劝学,建国之大本;兴贤育才,为政之先务。"教育作为传播人类知识文明和培养人才的重要手段,是国家富强、民族振兴的基石,也是社会进步的源泉和动力。重视和发展教育,把优先发展教育事业作为推动党和国家各项事业发展的重要先手棋,加快推进教育现代化,不仅是推动社会主义现代化强国建设,实现中华民族伟大复兴中国梦的题中之义,也是提升国民综合素质,培养德智体美劳全面发展的社会主义建设者和接班人的内在要求。党的十八大以来,以习近平同志为核心的党中央立足中国特色社会主义进入新时代的历史定位,结合中国共产党治国理政的伟大实践,围绕"为谁办教育,办什么样的教育,怎样办教育"等重大问题提出了一系列重要论断和战略部署,进一步明确了社会主义教育发展的价值立场、前进道路、目标方向和根本任务,为新时代中国特色社会主义教育强国建设提供了根本遵循。

　　马克思主义唯物史观提出了人类社会发展的两大基本矛盾:生产力与生产关系、经济基础和上层建筑的矛盾。与此同时,他还创造性地分析了生产力、生产关系,经济基础、上层建筑的内在联系,指出生产力决定生产关系,生产关系中最具典型性和代表性的经济基础决定上层建筑,这是其中的一方面。另一方面,生产关系反作用于生产力、上层建筑反作用于经济基础。其具体表现为:生产关系与生产力适应与否,直接影响生产力的发展状况,上层建筑是否符合经济基础的要求也会对经济基础产生相应的影响。教育作为一种社会意识活动,是社会存在的反映,同时,它也是一种观念上层建筑,归根到底是由经济基础决定的。马克思、恩格斯在《共产党宣言》中提到针对资产阶级污蔑共产党人主张用社会教育代替家庭教育就是要消灭人们最亲密的关系,进行了有力驳斥:"……你们(即指资产阶级)的教育不也是由社会决定的吗? 不也是由你们借以进行教育的那种社会关系所决定的吗？不也是由社会通过学校等进行的直接的或间接的干涉决定的吗？"①马克思主义经典著作中的论述进一步论证了"教育一般说来取决于生活条件"这一命题。人类社会的实践充分证明：社会形态不同，经济基础也会存在差异，而不同社会形态和经济基础条件下，教育的内容和由之产生的道德要求也有所不同。譬如，在中国封建社会，地主阶级掌握绝大多数土地，封建土地所有制是当时主要的生产方式，是占据主导地位的经济基础，农民只有少量土地或没有土地，备受地主阶级剥削和压迫。在这样的条件下，在封建社会形成了把等级"身份"作为评价善恶、荣辱的标准，以"尊尊""亲亲"或"忠孝""信义"为根本的道德原则和道德规范的封建社会道德，突出强调等级人伦。而社会主义的中国，是工人阶级领导的、以工农联盟为基础的、人民民主专政的社会主义国家，以生产资料公有制为基础，故而倡导和形成了以爱国主义、集体主义为主要内容的社会主义道德要求。所以说，办学总是与国家的政治要求紧密相连，也总是在服务自己国家发展中形成和壮大的。在中国特色社会主义制度下，要全面贯彻党的教育方针、落实立德树人根本任务、培养德智体美劳全面发展的社会主义建设者和接班人，为党和国家事业长远发展提供人才支撑。

习近平总书记在全国教育大会上从世界教育发展的一般规律出发，聚焦"培养什么人、为谁培养人、怎样培养人"这个根本问题，深刻地提出了新时代坚持中国特色社会主义教育发展道路的"九个坚持"，即坚持党对教育事业的全面领导、坚持把立德树人作为根本任务、坚持优先发展教育事业、坚持社会主义办学方向、坚持扎根中国大地办教育、坚持以人民为中心发展教育、坚持深化教育改革创新、坚持把服务中华民族伟大复兴作为教育的重要使命和坚持把教师队伍建设作为基础工作。并在此基础上进一步明确，新时代坚持和发展中国特色社会主义教育，必须站稳政治立场，旗帜鲜明地坚持社会主义办学方向，这是我国保证办学质量、提升办学效果和有效培养符合社会发展需要的人才的基础，也是办好中国特色、世界水平的现代教育的关键。一旦教育方向跑偏，后果不堪设想。对此，习近平总书记一语道破，"一旦在办学方向上走错了，在培养人的问题上走偏了，那就像一株歪脖子树，无论如何都长不成参天大树"。

---

① 马克思,恩格斯.共产党宣言[M].北京:人民出版社,1964:40-41.

第一节　思政课的领航地位

中国共产党历来高度重视思想政治教育，把思想政治工作作为经济工作和其他一切工作的生命线。而思政课作为思想政治工作的一项重要内容，承担着对高校大学生进行思想政治教育的使命，是高校落实立德树人根本任务的关键课程。办好思政课，充分发挥其领航作用，不仅有助于培养和提升大学生思想道德素养和政治素养，促进大学生成长成才，而且有助于党和国家事业的长远发展和中华民族伟大复兴的中国梦的实现。

思政课，是学校和教师运用一定的政治观点、道德规范、价值观念，对学生施加的有目的、有计划、有组织的影响，并以培育学生形成适应一定社会所要求的思想道德为目的的教育教学活动。分析思政课的概念，以下两点需要明确：一是思政课的教学内容是一定政治观点、道德规范和价值观念的集合。思政课的教学内容繁富，马克思列宁主义、马克思主义中国化的理论成果、社会道德规范和要求、党的政策路线方针等都是该课程的重要内容。但是，繁复不是杂乱无章，作为学校教育工作的一部分，培养拥护党和国家建设，适应社会发展需要的学生是思政课的根本目的。正因如此，思政课的教学内容应与中国特色社会主义建设和发展的要求相匹配。由此可见，思政课在教学内容上具有广泛性和确定性的特征。二是思政课的教育对象是所有青少年。开设思政课是没有学校和学段差别的。这意味着，任何学校的学生在不同的学段都要上思政课，接受思政教育。

青少年韶华正盛，意气风发，积聚着强大的智慧和力量。未来，他们终将走上历史舞台的中心，成为推动国家富强、社会进步和民族复兴的主力。这是长久以来国内外对青少年价值的判断与共识。拿破仑在面对请愿参加战争的学生时讲道，"你们是法兰西的未来，我没有权力送你们上前线，我不愿为取金蛋杀掉我的老母鸡！"把青年学生比喻为"能下金蛋的老母鸡"，形象地道明了青年对国家和民族的重要性。戊戌变法失败后，著名改革家梁启超写下了《少年中国说》，他深入剖析了清朝末年清王朝腐朽衰败，中华民族饱受苦难的原因。创建未来的少年中国，是中国少年一代的责任。他写道："少年智则国智，少年富则国富；少年强则国强，少年独立则国独立；少年自由则国自由，少年进步则国进步；少年胜于欧洲则国胜于欧洲，少年雄于地球则国雄于地球。"再度强调了少年之于国家和民族的意义。1915 年,《新青年》创刊,陈独秀在发刊词《敬告青年》中直截了当地指出"青年如初春,如朝日,如百卉之萌动,如利刃之新发于硎,人生最可宝贵之时期也。青年之于社会,犹新鲜活泼细胞之在人身",并在此基础上提出了"新青年的六大标准"。以此为起点,《新青年》如曙光般照亮和鼓舞了一批又一批有志青年,为中华民族的崛起带来了希望。

中国共产党成立以后,中国共产党人坚持把立足国家未来发展的大局和吸收借鉴国内外历史和现实的有益经验相统一。一方面,重视激发青年的智慧和力量,主动做国家发展和社会进步的参与者、建设者;另一方面,充分关注青少年成长,并把青少年的培育作为国家建设的战略要求毫不放松。将发挥青年力量与强化青少年的成长培育同时并举,为中华民族伟大复兴的中国梦的实现挖掘了取之不尽的源头活水。纵览中国新民主主义革命时期,民族危亡之际,以李大钊、江竹筠、夏明翰、方志敏等为代表的众多青年志士以青春之躯献身革命事业,他们前仆后继,勇敢直面和对抗帝国列强和封建官僚的"屠刀",他们不惜抛头颅、洒热血,只为给子孙后代创造一个和谐、稳定、平等、幸福的成长环境。终于,数以千万计的青春力量汇聚成捍卫国家和民族独立的钢铁战士,拯救民众于水深火热。新中国成立后,经济落后,百废待兴,社会主义建设十分艰难。然而,贫穷和困难挡不住青年游子回归和建设祖国的意志和决心。被美国海军部副部长丹尼尔·金贝尔形容为"一个人抵得上 5 个海军陆战师"的钱学森,才华出众,被美国忌惮,并采用非法拘禁的方式阻挠其归国。历时 5 年抗争,他初心不改,终于回归。归国后的他立下雄志——"外国人能搞的中国人也能搞",他用实际行动报国,为原子弹、氢弹的研发做出了重要的贡献。像钱学森这样,毅然放弃国外优渥的条件,历经艰辛,奔赴祖国,投身社会主义建设大潮的科学家不知凡几。他们背井离乡,隐姓埋名,甚至扎根祖国最艰苦的地方,但他们始终以知识和才华报效祖国,用赤诚之心在各行各业发光发亮,他们为推动社会主义建设大跨步的发展做出了卓越的贡献。1957 年,毛泽东同志在莫斯科接见中国留学生时,形象地将青年比喻为早晨八九点钟的太阳,富有朝气。他叮嘱和勉励青年学生:"世界是你们的,也是我们的,但是归根结底是你们的。……希望寄托在你们身上。"简单朴实的话语激励着一代代青年蓬勃向上,勇往直前。邓小平同志以伟大的马克思主义者的博大胸怀和深邃目光指出了青年对党和国家长远发展的价值,热切关怀青年成长。他一语中的地指出:"青年是我国社会主义建设事业的继承者和急先锋。教育好青年,让更多的青年人成长起来,是我们事业兴旺发达的希望所在。"1978 年十一届三中全会的召开,拉开了改革开放和社会主义现代化建设的序幕。40 多年来,我国社会主义现代化建设在各个领域都发生了翻天覆地的变化,这些变化离不开这一时期的青年力量。以农村土地改革为例,2018 年,小岗村"大包干"带头人关延珠、严立富、严立华等 18 位同志被授予"改革先锋"称号。作为农村改革的先行者,他们在改革开放之初,率先打破"大锅饭"模式,开始实行"大包干",不仅解决了村民的温饱问题,改变了小岗村过去贫穷的面貌,而且为全国农村土地改革、实行包产到户的家庭联产承包责任制提供了有益的探索。除此之外,像王大珩、郑必坚、吴仁宝、张艺谋、邓亚萍、袁隆平等社会各界的翘楚也在波澜壮阔的改革开放历史舞台上演绎了绚烂夺目的华彩篇章。中国特色社会主义进入新时代,以习近平同志为核心的党中央站在"两个一百年"的奋斗目标和世界百年未有之大变局的现实高度,对广大青年寄予了厚望。习近平总书记指出,"青年一代有理想、有本领、有担当,国家就有前途、民族就有希望",这是对青年关键性地位的最恰当表达。何其幸运,无论是在抗击新冠肺炎疫情的一线,还是在脱贫攻坚这个看不见硝烟的战场;不管是在防洪救灾的前线,还是在科技创新的道路上,在祖国最需要的地方,新时代青年人的身影无处不在。他们不负众望,稳稳地接住了时代的接力棒。他们用行动践行着新时代青年人的责任,用奋斗续写着新时代中国特色社会主义惊天动地的新篇章。

总而言之,中国共产党带领人民走过的百年光辉岁月,是时时烙印着一代代青年人奋勇拼搏的"功劳簿";中华民族从站起来到富起来再到强起来的飞跃,是处处印刻着一辈辈青年人努力不懈的"军功章"。历史是最好的教科书,中国的每一段历史都证明,青年是国家发展和进步的重要支撑,强化青年教育,促进青年成长成才至关重要。故而,习近平总书记反复强调:"我们党立志于中华民族千秋伟业,必须培养一代又一代拥护中国共产党领导和我国社会主义制度、立志为中国特色社会主义事业奋斗终身的有用人才。在这个根本问题上,必须旗帜鲜明、毫不含糊。"

2021 年 7 月 1 日,习近平总书记在中国共产党成立 100 周年庆祝大会上的讲话中庄严宣告:"经过全党全国各族人民持续奋斗,我们实现了第一个百年奋斗目标,在中华大地上全面建成了小康社会,历史性地解决了绝对贫困问题,正在意气风发向着全面建成社会主义现代化强国的第二个百年奋斗目标迈进。"这意味着,以全面建成小康社会为起点,到新中国成立 100 周年(21 世纪中叶),我国已经踏上了新征程并将以 30 年为期实现全面建成社会主义现代化强国的奋斗目标。高校大学生的年龄大多在 18～22 岁,此时的他们就像雄鹰开始伸展翅膀,准备搏击长空。"吾十五而志于学,三十而立,四十而不惑,五十而知天命,六十而耳顺,七十而随心所欲,不逾矩",未来30年,正是他们精力充沛、挥斥方遒、建功立业的最佳时间。所以,从时间意义上看,青年学生的最佳发展期和我国实现第二个百年奋斗目标的时期在时间上具有一致性。除此之外,二者的价值方向也是一致的。青年学生能否实现梦想,成就自己的人生价值,与其前进的方向和动力直接相关。诸多案例表明,忽略意志、动力等因素影响,如果梦想的方向与国家和民族的前途命运方向一致,那么在相关政策和方针的加持下,梦想实现的机会会大大提高。同时,作为国家和民族进步的组成部分,每个人的梦想的实现都是国家发展的助推力。二者相互统一,一旦方向背离,那么所有的努力都是浪费力气的无用功。正因如此,对于新时代青年而言,立什么志、朝什么方向努力是他们首先要面对和解决的问题。结合自身特点与国家发展的前途命运确定前进的方向,才是对自己负责、对国家和民族有益的共赢之选。而思政课力求通过理论讲授、价值引领、政策方针解读、案例剖析等方式给青年学生施予影响,让青年学生在认知和理解国家发展的前途命运基础上融自身价值目标于国家发展的大局,立大志,明大德,成大才,担大任。

综上所述,青年是中华民族绵延进步的根基和原动力。青年的成长成才事关中国特色社会主义现代化建设者的质量和水平,事关中国特色社会主义现代化强国建设的进程。"国势之强由于人,人材之成出于学。"思政课在抓紧抓实青年学生教育,促进大学生价值观塑造和思想道德素养提升方面发挥了不可替代的作用。所以,开好思想政治理论课,事关党和国家的千秋伟业。

第二节　思政课：坚持社会主义办学方向的重要阵地

为了培养有理想、有道德、有文化、有纪律,强本领、敢担当、善作为的新时代建设者,思政课以中国特色社会主义建设的方针原则为基点,在课程内容上融合道德与法律、国内与国外、历史和现实、优秀传统和路线方针等内容,力求把教育和培养青年学生的价值观念、思维方式和行为规范,提高学生的主人翁意识和觉悟,激发和增强学生对国家和民族的认同感、归属感和参与感,推动学生更好地为中国特色社会主义现代化强国建设服务的课程要求落到实处。思政课的课程内容和教育目标与中国特色社会主义的道路、理论、制度、文化一脉相通，相得益彰，是思政课作为高校坚持社会主义办学方向的重要阵地地位的集中体现。

首先，开好思政课，有助于锤炼青年学生的"眼力"，帮助其在眼花缭乱的现象中看清本质，在风云诡谲的国际国内形势中坚强定力，在纷乱嘈杂的社会思潮中保持清醒头脑，找准前行方向。所谓"眼力"，字面意思就是"眼睛的力量"，用眼睛观察和发现事物的能力。眼睛功能越好，看得就越清楚。从这个意义上看，"眼力"相当于"视力"。在这里，"眼力"内蕴更加丰富，它代表了"看"到世间万物的两个器官——"眼睛"和"心眼"。眼睛通过观察认识事物的样子，由于眼睛看到的是事物的表象，所以有时会被蒙蔽，形成错误的认知。心被称为人的第二只眼睛。它虽然不能直接看到事物的面貌，但它可以基于对事物的理解和判断形成对事物本质的深层认知。正因如此，"心眼"常常被解释为见识。通常来讲，见多识广的人，通透心明。心明才能眼亮，眼亮愈加心明。眼力，强调在眼亮和心明统一的基础上，形成对事物的科学判断。

当今世界正经历百年未有之大变局，一大批发展中国家和新兴经济体以势不可挡的前行步伐群体性崛起，国际社会力量逐渐走向平衡，原来西方发达国家主导掌握世界话语权的局面被打破，世界权力中心不再唯一，开始由一个向多个转移扩散，国际秩序得以重新调整。这为各国共同参与国际事务，构建人类命运共同体创造了条件。根据古希腊著名历史学家修昔底德提出的"修昔底德陷阱"，一个新崛起的大国必然要挑战现存大国，而现存大国也必然会回应这种威胁，这样战争变得不可避免。所以，在世界格局演进的同时，大国之间的利益博弈和较量也更加趋向白热化。目前，国家间对垒博弈涉及政治、经济、文化、军事、外交等多个领域，发动局部战争、垄断封锁经济、恶意抹黑国家形象、文化侵略和渗透等都是一些发达国家进行霸权的"惯用伎俩"。在他们的助推和影响下，历史虚无主义思潮泛起，歪曲历史、捏造谣言、诋毁领袖和英雄、否定民族和传统的言论和观点混淆着人们的视听，茶毒着民众的心灵。青少年学生对国家大局、世界大势的了解不多，认识不够透彻，不懂国际社会的波谲云诡，他们习惯于用眼睛看世界，所以很难在泥沙俱下的信息中作出正确的判断，甚至会被表象所迷惑，成为别有用心之人作恶的工具。所以，锤炼青少年学生的眼力，培养他们心眼并用的能力非常必要。思政课是集道德、法律、政策、路线、方针、历史、传统、文化等于一体的课程体系，开好思政课，能够客观全面地拓展和增长学生对国内和国外、历史和现实的见识，加深学生对国家前途和世界局势的理解，为练就他们的"心眼"作好准备，继而让他们擦亮"双眼"，洞察大变局中潜藏的风险,明辨是非,自觉抵制错误思想的侵蚀,并以坚定的理想信念,在正确的道路上跨步前进。

其次,开好思想政治理论课,有助于焕发青年学生的"脑力",帮助学生明确中国特色社会主义现代化强国建设的重点和方向,在此基础上,审时度势,把握时机,找准突破口,并结合个人特点,发挥优势,在螺旋上升的思考、探索和创新中寻求突破和超越,成就自己。脑力是大脑思维、想象、理解、分析等能力的总称。当下,我国社会变化日新月异,全面深化改革的步伐不断加快,脑力不应局限于过去低耗能、支配性的控制和协调能力,而应该升级为更加精细化的创造力和创新力。焕发和增强青年学生的脑力,筑牢学生的认知基础是前提。思政课完善的课程体系和丰富的教学内容恰恰满足了学生的需求。具体来说,"马克思主义基本原理"课程系统地介绍了马克思主义的基本内容,其中包含的辩证唯物主义和历史唯物主义观点和方法有助于培养学生认识问题、分析问题和解决问题的能力。"思想道德与法治"课程基于学生道德和法治意识培养的要求,除了比较详尽地介绍社会主义的道德规范及其价值观准则外,在教学过程中也相应地涉及和添加了一些法律知识,如公民的权利义务、婚姻家庭、合同、继承权和物权等。这些内容与学生现在和未来的生活工作直接相关,有助于帮助学生明确自己的权利和义务,在解决实际问题时守住底线,并善于运用法律维护自己的合法权益。"中国近现代史纲要"以历史的视角介绍了近代以来中华民族的磨难与探索,史实中的成功经验和失败教训,有助于让学生以史为鉴,作出正确的选择。"毛泽东思想和中国特色社会主义理论体系概论"课程,以中国共产党百年征程为主线,体系化地介绍了毛泽东思想和中国特色社会主义理论体系的形成过程、主要内容、历史地位和经验教训。其中,该课程把习近平新时代中国特色社会主义思想作为"重头戏",着重阐释了当下我国政治、经济、文化、社会、生态、军事、国防、外交和党的建设的相关制度政策,有助于帮助学生把握和理解当前阶段国家发展的特征和要求,继而为其找准努力方向,靶向施力奠定基础。"形势与政策"课程直击热点时事,有助于学生快速捕捉和发现时事政治之中蕴藏的机遇,从而抓住机会,大展拳脚。总而言之,思政课中既有为人处世的道理,也有干事创业的方法;既有历史智慧的总结,现实境况的观照,也有未来发展的展望;既有博大精深的理论,也有平易近人的洞见;高瞻远瞩,深谋远虑,尽在其中。它们对锻炼学生的脑力,发挥学生的行动力和创造力益处颇多。

最后,开好思想政治理论课,有助于锻炼青年学生的"脚力",让学生在生活实践中体验和感受中国特色社会主义现代化建设的伟大成就,激发和强化学生的获得感、安全感、幸福感和自豪感,为促进学生将情感认同转化为行动自觉提供助力。脚是具有行走功能的器官。脚力,本义是指用脚行走的能力。在这里,脚力可以延伸为其行动和参与社会实践的能力。从这层意思看,"动"是脚力的外在表现。然而除了行走,脚也是人能够站立的重要支撑,脚的力量直接影响着人们的站立稳定度。可见,脚力也内含着"稳""定"的意思。在这个意义上,脚力相当于定力。脚力的两层内涵看似差别较大,实际却互相关联。定力越稳,动力越足,走得更快、更远。如果定力不稳,那么行走起来也会如同婴孩一般蹒跚,容易摔跤。而走得越多,脚力越好,脚的稳定性也会更好。因此,锻炼青年学生的脚力,就要把增强定力和激发行动力结合起来。思政课教学中,不仅包含着对马克思主义及其中国化理论成果、社会主义道德和法治、党史等内容的理论阐释和案例分析,也包括以这些内容为基础的情景体验和社会实践。通过理论和实践的配合,学生一方面能够从近代中国180多年、中国共产党成立100多年、新中国成立70多年、改革开放40余年发生的沧桑巨变和取得的伟大成就中厘清"马克思主义为什么行?""中国共产党为什么能?""中国特色社会主义为什么好?"的学理逻辑。这有助于学生从认知层面增强和坚定对中国特色社会主义道路、理论、制度和文化的理解和自信,为学生实现从认知认同向思想认同的转变奠定基础,更加坚定立场,站稳脚跟。另一方面,社会实践和情景体验有助于学生在行动中亲身体会和感受国家大政方针和制度体系带给民众的利益和实惠,以此激发并强化学生的社会安全感、社会认同感和社会责任感。与此同时,社会实践和体验也可以让学生找到动手和行动的乐趣,助力学生实现从情感认同到行动认同的升级,勉励学生以建设社会主义现代化强国为己任,脚踏实地,勇敢担当,在拼搏奋进中展现矫健身姿,在汗水滋润下绽放青春之花。实践证明,思政课将立德树人的理念熔铸在教育教学的全过程,对引领学生树立正确的世界观、人生观、价值观,推动学生投身中华民族伟大复兴的实践十分重要。

简而言之,思政课的课程体系、教学内容等源于社会主义建设的实践,教学模式、教学手段也服从和服务于实现中华民族伟大复兴的主题。思政课对青年学生"眼力""脑力"和"脚力"的培养,更是为中国特色社会主义现代化强国建设筑基。这些都证明,思政课是学校坚持社会主义办学方向的重要阵地。

第二章　巩固马克思主义意识形态主导权

　　意识形态是反映一定社会政治、经济发展状况的文化产品,隶属于上层建筑的范畴。然而,与同样属于文化范畴的一般思想观念和日常意识不同,意识形态作为系统反映社会经济形态、政治制度和文化模式的理论体系,主要涉及思想政治上层建筑中的情感认同和价值取向问题,政治针对性较强,层次更加深入,本身就带有极强的阶级和政治属性。换句话说,在不同的社会经济、政治和制度条件下,意识形态也会表现出具体而微的差异性。比如资本主义的意识形态、社会主义的意识形态等,而价值取向、思维方式和情感认同就是意识形态最直观的表现。值得注意的是,意识形态作为相对独立的精神力量,具有平衡、预测、调控、教育、引领和整合等功能,并依靠这些功能,反作用于社会存在,影响社会发展的进程。正如伟大的无产阶级革命导师马克思所言:"如果从观念上来考察,那么一定的意识形态的解体足以使整个时代覆灭。"寥寥数语,不仅充分阐明了意识形态对于国家和时代发展的重要性,也为各个国家建设和社会发展提出了具体的要求。加强意识形态工作和思想政治工作,传播和弘扬符合政党和国家要求的思想观念和价值取向,巩固主流意识形态的主导地位,从而凝聚共识,汇聚力量,引导和促进政党建设和社会发展。

　　我国是人民当家作主的社会主义国家。新中国成立之初,我国宪法就明确规定了马克思主义是我们立党立国的根本指导思想,确定了马克思主义在意识形态领域的指导地位。这一地位不是自封的,而是在思想认识深化和吸取国内外社会主义建设的经验教训中确定的。

　　第一,从中国共产党人对意识形态工作的认识发展的脉络看,中国共产党在成立之初就对意识形态工作的重要性有比较明确的认知,并把意识形态工作作为其"起家""当家"和"立国"等一切工作的重中之重。毛泽东从社会历史发展的实践出发,提出:"凡是要推翻一个政权,总要先造成舆论,总要先搞意识形态方面的工作。"他强调:"掌握思想领导是掌握一切领导的第一位。"①邓小平提出:"改善党的领导,其中最主要的,就是加强思想政治工作。"②江泽民站在世纪交汇点上洞察世界发展全局,再次提出"意识形态领域是和平演变与反和平演变斗争的重要领域……思想宣传阵地,社会主义思想不去占领,资本主义思想就必然会去占领"③。正是这份对意识形态工作的清醒认知,社会主义中国在复杂的国际形势和社会主义国家的严峻挑战中成功跨入 21 世纪。胡锦涛也强调:"意识形态领域历来是敌对势力同我们激烈争夺的重要阵地,如果这个阵地出了问题,就可能导致社会动乱甚至丧失政权。"④中国特色社会主义进入新时代,习近平总书记基于对复杂多变的国际国内形势的综合考量,提出"三个事关",即"事关党的前途命运,事关国家长治久安,事关民族凝聚力和向心力",凸显了新时代做好意识形态工作的极端重要性。

第二,从国内外社会主义建设的对比实践看。马克思主义贯穿中国革命、建设和改革的全过程,为实现中华民族伟大复兴提供了科学的理论指导。近代以来,帝国主义入侵,中国在帝国主义的掠夺和压迫下一步步走向半殖民地半封建社会的深渊。民族危亡之际,先进的仁人志士在一次次艰难探索中找到了中国的出路——马克思主义,并在马克思主义理论指导下建立了中国共产党,由此开启了中国历史的新篇章。此后,中国共产党领导全国人民始终坚持马克思主义的指导地位,不断推进马克思主义基本原理同中国具体实际相结合,落地生根,形成了中国化的马克思主义,丰富和发展了马克思主义理论。百年来,在马克思主义和马克思主义中国化理论指导下,中国人民顽强斗争,奋勇拼搏,取得了一个又一个举世瞩目的辉煌成就,谱写了一曲又一曲气势恢宏的壮丽赞歌。毋庸置疑,这些成就的取得就是坚持马克思主义在意识形态领域指导地位的有力证明。中国特色社会主义建设的伟大实践充分证明,坚持和巩固马克思主义在意识形态领域的主导权,有助于发挥意识形态的整合功能,以相同的思想观念和价值取向把不同的群体聚合起来,把团结统一的精神力量转化为兴党强国的不竭动力,继而赢得人民群众的广

① 毛泽东. 毛泽东文集:第 2 卷[M]. 北京:人民出版社,1993:435.
② 邓小平. 邓小平文选:第 2 卷[M]. 北京:人民出版社,1994:365.
③ 江泽民. 在庆祝中国共产党成立七十周年大会上的讲话[N]. 人民日报,1991-07-02.
④ 中共中央文献研究室. 十六大以来重要文献选编(中)[M.]. 北京:中央文献出版社,2011:318.

泛认同和拥护,带领人民群众不断取得胜利。中国,作为一个拥有 960 多万平方公里土地和 14 多亿人口的社会主义大国,尤其需要坚持和巩固马克思主义意识形态的领导地位,它就像一根"看不见的绳子",紧紧地把我们绑在一起,这是中国团结奋进、勇攀高峰的"精神秘诀"。

20 世纪 80 年代末 90 年代初,世界上第一个社会主义国家苏联解体,苏共垮台,这是历史的悲剧。曾与美国并驾齐驱的苏联何以一朝崩塌？思想理论相对成熟、斗争经验丰富的苏共为什么垮台？习近平总书记曾说:"苏联为什么解体？苏共为什么垮台？一个重要原因就是意识形态领域的斗争十分激烈,全面否定苏联历史、苏共历史,否定列宁,否定斯大林,搞历史虚无主义,思想搞乱了,各级党组织几乎没任何作用了,军队都不在党的领导之下了。"①是的,苏联解体,苏共垮台是一个连锁反应,归根究底是苏共对意识形态工作的放松与懈怠。在风起云涌的社会思潮中,苏共倡导融合西方自由主义价值观的"新思维",放弃了原来指引苏联社会主义革命、建设走向胜利的意识形态话语权,使国内民众思想意识混乱,党员缺乏精神指引、向心力不足,党组织涣散、缺乏行动力等一系列问题,继而最终导致了苏联分崩离析。所以,对比中国和苏联两个国家的社会主义建设实践,巩固马克思主义意识形态领导权的意义更加凸显。

第一节　高职学生思想动态及其特点

巩固马克思主义主流意识形态的主导性,就要通过宣传和教育实现民众对马克思主义主流意识形态政治认同和理性认同,并在此基础上内化成民众的思想和行为。思政课是高职院校传播马克思主义理论,巩固马克思主义意识形态指导地位的"前沿阵地",在增进学生对马克思主义的认知、理解和认同,培养学生坚定马克思主义信仰等方面发挥着不可替代的作用。故而,深化高职思政课教学改革,打造适应学生思想特点的思政课,不断提升思政课的成效,不仅是高职院校落实立德树人根本任务,巩固马克思主义意识形态指导地位的必然要求,也是弥补学生思想短板,促进学生养成正确的价值观的有效

---

① 十八大以来重要文献选编(上)[M].北京:中央文献出版社,2014:113.

途径。

高职学生的思想动态、基本特点和普遍存在的思想问题不仅直接影响着思政课教育教学内容的选择与侧重，而且影响着思政课教育教学形式、方法、模式以及环境的选择和运用。可见，巩固马克思主义意识形态的主导权，引导学生"学马""信马""言马""爱马"，就要求高职院校必须把握和厘清高职学生的思想动态、思想特点和普遍存在的思想问题，探析和归纳高职学生的基本特点，并以此为导向，深化高职思政课教育教学改革，不断提升高职思政课的教育教学效果。

众所周知，环境是影响人的成长发展的重要因素。在不同时代、不同阶段、不同条件下成长的个人，其性格特点、行为习惯和思想观念也必然打着环境的"记号"和时代的"烙印"，存在较大的差别。而当代高职大学生大多都是年龄在 18 岁左右的"千禧后"青年，由于他们同处于改革开放继续深化和社会经济快速转型的大背景下，所以，就"千禧后"整体看，他们的思想行为、性格特点、生活习惯等思想动态也有着共同的特点和内在的规律性。归纳高职学生的思想动态，把握学生思想特点和存在的问题，能够有效地提高思政课教育教学改革的针对性，着力解决学生的思想问题，引领学生树立正确的世界观、人生观、价值观，继而发挥马克思主义在意识形态领域的指导地位。所以，经过调查研究和理论分析，我们从个性特点、思想行为、生活习惯、日常学习和心理需求五个方面归纳了高职学生的思想动态情况：

（一）高职学生有较强的自我意识，自我表达愿望强，但团结意识和整体素质不高

受国家计划生育政策影响，"00 后"学生多为独生子女。作为整个家庭的"重心"、长辈眼中的"全世界"，他们从小便"独占"了父母长辈全部的呵护和疼爱。这种众星捧月、世界中心的成长环境让"00 后"对存在感和话语权的追求特别强烈，因此他们追求个性，标新立异，渴望通过特立独行的个性化行为赢得更多关注和认可。与此同时，在长辈与学生的长期"斗争"中，学生在长辈的成全和让步中得到愿望和要求的满足成为常态。而这种源于宠爱的让步和成全，不仅让学生对家长权威的认知感受逐渐减弱，也会使学生变得非常自我。长此以往，"立于不败之地"的他们就会逐渐忽视甚至无视家长的权威、意愿和要求，并以自己的兴趣为中心，界定自我的深度，不遗余力甚至不计后果地追求自己喜欢的事，构建和守护自己个体的"小世界"。然而，这样的成长环境和家庭教育模式，不仅让学生形成了以自我为中心的行为习惯，使得其在群体生活中难以理解他人的要求和感受,我行我素,引发矛盾冲突;而且让学生由于缺乏处理和调和矛盾分歧的能力,陷入进退两难和不知所措的境地。如此,他们更习惯于"蜗居"在自我的"小天地"里,以"独"而不"孤"界定个体归属,不愿意参加集体活动和公益事业,对集体荣誉也兴致缺缺。

(二)高职学生知识面宽广,但知识掌握得不够深入,思辨意识和能力不强

21世纪是一个信息爆炸的时代,出生和成长在这个时代的"00后"拥有更多机会拓展自己的知识面。一方面,改革开放以后,我国社会发展取得了巨大的进步,人民生活水平显著提高,尤其是教育事业的发展、科学技术的进步等都为"00后"多方面学习和获取知识,拓展知识广度奠定了坚实的社会物质基础。另一方面,互联网和新媒体的广泛应用,既加快了信息传播的速度,网络中种类繁复、内容海量的信息也为学生获取信息提供了诸多便利。相关调查显示,"00后"学生每天平均在线时间长达5小时,其中,他们通过微信、微博、QQ、搜索引擎、新闻网站、抖音、游戏等多种方式获取信息,极大地拓展了他们的知识面。然而,由于网络具有即时性和开放性的特点,学生通过网络涉猎和获取的信息多为各式各样的信息片段,不只内容分散,缺乏完整性,而且真实性和准确性也难以保证。这就为学生深入思考和理解信息内容增加了难度。其实,学生这种浮光掠影的学习涉猎只是"虚假"的"面子工程",缺乏对知识的深度思考和消化,不仅不会真正掌握知识的内涵,更重要的是不利于学生思维能力和思辨能力的锻炼和提升。

(三)高职学生自卑迷茫,缺乏信心,但渴望梦想成功

目前,我国高职院校招生主要有三个渠道:一是面向高中毕业生,通过高考第三批次录取;二是面向中职毕业生,通过高等职业教育单独考试单独招生(单考单招)录取;三是高职院校自主命题自主招生。这意味着,大多数高职学生曾是中考和高考的"后进生"。进入高职院校,他们或因为前期知识积累不足,文化基础和水平相对偏低,跟不上学习节奏而迷惘自卑,破罐子破摔;或因为大众偏见,认为高职院校不规范,"不够体面"而缺乏学习热情,产生一定的心理阴影,自暴自弃;甚至有的学生,以获得文凭为目标,把进入高职院校作为"镀金"的方式和中学痛苦的学习经历后的"休憩之所",随波逐流……他们自卑迷惘,没有确定的理想和目标,缺乏前进的动力和方向。难道"00后"高职学生没有梦想?不,相关调查研究显示,"00后"高职学生对未来有更多畅想和憧憬,这是因为他们从小生活在优渥的社会环境中,对美好未来充满期待。但宽松优渥的成长环境也削弱

了部分高职学生的心理承受力和意志力。他们做事张扬，自律性差，责任意识不强，有畏难心理等等，他们一味地想象着未来成功的结果，而对于现实，却缺少坚韧奋斗的精神和主动行动的勇气。

（四）高职学生思维活跃，动手实践能力强，但功利化倾向明显

高职学生正当青春年少，精力充沛，活力四射。他们的思维活跃度高，对新事物的接收和学习能力强。相关调查显示，高职学生的课余时间很少用在去图书馆读书或自习，而花费在参加各种各样的文化创意比赛、社团活动甚至上网打游戏上的时间较多，这表明相较于枯燥的理论学习，高职学生对动手实践类活动更感兴趣。一方面，高职学生大多文化基础薄弱，在理论学习和相关活动中他们难以找到优越感，可见，理论学习容易打击他们的热情。另一方面，高职学生作为未来的职业技能人才，在他们的学习中包含着相应的技能训练，他们的动手能力和实践能力得到有效的锻炼。而高职学生动手能力和实践能力直接影响他们的就业，这也是促使其不断提升自身实践动手能力的原因。另外，在社会主义市场经济条件下，高职学生深受功利主义、实用主义、消费主义、非理性主义等社会思潮的影响，功利化倾向明显。部分高职学生把"加分"作为是否参加活动的"唯一"标准，"不加分不参与"的情况屡见不鲜；面对评奖评优等涉及"钱"程利益的问题，部分学生容易不择手段恶性竞争……这些都是高职学生功利化倾向明显的具体表现。

（五）高职学生政治参与度上升，但政治意识薄弱

"00后"生活在社会信息化趋势凸显、数字信息爆炸的时代，互联网、新媒体的发展普及为"00后"参与社会政治生活插上了翅膀。然而，根据有关研究报告结果，"00后"学生对时事政治的兴趣度和关注度不高，缺乏政治敏锐性和政治鉴别力，但他们却常常通过互联网表达自己的立场观点，用投票、采访、跟帖、评论等各种形式参与网络政治，政治参与度提升明显。不容置疑，青年政治参与度提升是社会主义民主政治进步和发展的重要标志，但是盲目的、非理性的政治参与则是青年学生政治意识薄弱的表现。政治意识薄弱，不仅意味着青年缺乏辨别网络世界鱼龙混杂的信息的能力，容易人云亦云，被"有心人"所迷惑；也意味着他们可能因为自身模糊不清的认知和盲目的跟风"变相"成为不当言论和虚假信息的传播者，对自身发展和社会稳定带来严重的后果。

第二节　高职院校社会主义意识形态面临的挑战

当前,随着国内外经济社会改革的不断深入、思想文化多元碰撞和传播媒介升级迭代的效率越来越高,社会主义意识形态领导权面临的冲击和挑战也愈发凸显。高职院校作为未来社会主义建设者培育的主要孵化基地之一,由于主体复杂多元、思想文化交流活跃等诸多因素影响,一直是敌对势力进行意识形态渗透的首要"战场",给高职院校巩固社会主义意识形态领导权带来了挑战。另外,在社会主义市场经济条件下,人们的思想产生了巨大的变化,泛娱乐化和拜金主义等不良思想的蔓延泛滥,增加了高职院校巩固社会主义意识形态领导权工作的难度。最后,高职院校巩固社会主义意识形态的工作仍然存在忽视意识形态教育、思政课的主渠道作用发挥不够、尚未完全建立协同育人机制等诸多不足,亟待进一步改进和完善。

一、西方思潮的冲击，以及非主流意识形态的全面渗透

中共中央办公厅、国务院办公厅印发的《关于进一步加强和改进新形势下高校宣传思想工作的意见》明确强调了意识形态工作对党和国家建设和发展的极端重要性,鲜明地指出:建设和巩固高校意识形态阵地是一项铸魂育人的战略工程,事关党的教育方针的贯彻,事关党的领导核心地位的巩固,事关中国特色社会主义事业的继续进步发展,巩固全党全国人民团结奋斗的共同思想基础,凝聚全国各族人民的力量为社会主义建设服务具有十分重要的意义。高职院校意识形态工作作为高校意识形态工作的组成部分,在培养学生形成正确的价值观、促进学生坚定"四个自信"方面发挥的作用举足轻重。然而,西方思潮的冲击,以及非主流意识形态的全面渗透也给高职院校加强意识工作增加了难度。伴随着新媒体、全媒体和融媒体等现代信息技术形式的丰富和发展,信息的传播打破了时间和空间的界限,信息互通和共享成为主流,为社会建设和进步注入了新的活力。然而事物皆有两面,政治多极化趋势下,国家间的竞争也日趋激烈,西方敌对势力和反华人士也紧紧抓住现代信息技术开放性的特点继续实施其西化、分化、弱化中国的

图谋。一方面,他们全方位地运用线上线下手段大肆推销和兜售西方民主体制、西方自由主义、极端个人主义、无政府主义等思想文化,宣扬西方"普世价值",使得高职院校思想文化呈现出多元且紊乱的特点,给高职学生思想和价值选择增加了难度;另一方面,他们往往以我国在社会转型期出现的热点和焦点问题为切口,有预谋地发表包括抹黑中国共产党带领全国人民建设和发展中国特色社会主义的历史,丑化党的领导人和为实现中华民族伟大复兴作出重大贡献的英雄和榜样人物,挑唆和扶植"台独""疆独""藏独"等敌对和分裂国家的势力,恶意把我国发展中出现的社会问题炒作和扭曲为根本性的社会制度问题等各种不当言论,企图影响和动摇人民群众对于中国特色社会主义建设的信心。然而,西方敌对势力和反华人士的意识形态的渗透具有虚拟性和相对隐蔽性,正处于成长的"拔苗孕穗"期,世界观、人生观和价值观正在打底塑型的高职学生,由于社会认知不足、政治敏锐度不高、思想警觉不够,缺乏明辨事实真相的能力,难以察觉其中的谬误和陷阱,从而容易受到欺骗和蛊惑,甚至成为不当言论的传播者。由此可见,西方多元思潮的冲击和非马克思主义意识形态的全面渗透是影响高职院校意识形态领导权的重要外在因素,坚持马克思主义意识形态领导权必须把加强学生的意识形态教育,提高学生的政治敏锐度作为突破口。

二、拜金主义、享乐主义等不良思想的蔓延泛滥

改革是社会主义的自我完善和自我发展。纵览改革开放40多年的发展历程,我国社会主义现代化建设取得了举世瞩目的成就,世界第二大经济体、世界第一制造业大国、世界第一大外汇储备国……都是改革开放成果的生动展现。改革作为一项系统性工程,其过程是长期的,也是艰巨的。改革过程中诸多元素相互联结,相互影响,"牵一发而动全身"。以经济体制改革为例:改革开放以后,我国社会经济结构转型升级速度加快,社会主义市场经济制度逐渐发展完善,市场在社会资源配置中的作用越来越突出。党的十九届四中全会不仅将社会主义市场经济制度是以公有制为主体,多种所有制经济共同发展;以按劳分配为主体,多种分配方式并存的基本分配制度作为党的基本经济制度,也进一步指出了市场在资源配置中的决定作用。这是党在总结改革开放和社会主义现代化建设实践经验基础上形成的对市场("看不见的手")和政府宏观调控("看得见的手")的认识深化,是对市场配置社会资源作用的认可和肯定。不可否认,社会主义市场经济条

件下,以供求关系为基础的市场调节为我国社会经济的发展繁荣注入了无限活力,但其自发性、盲目性和滞后性等固有缺陷也不可避免地对社会经济和人们的思想观念造成了影响。其具体表现为市场的逐利性,使我国社会经济发展不平衡的矛盾日益凸显,区域、城乡、收入差距不断拉大,社会阶层分化变得日趋复杂而明显,这些现实变化在不同社会阶层在思想追求上表现出不一样的特征和矛盾。作为既得利益者的社会阶层,为了维护和巩固其既得利益,亟需更加稳定的发展环境和广阔丰富的发展机会。因此,他们利用既得利益追求和抢占更多的发展红利。而占社会人口大多数的普通民众,由于受到资源、地位等诸多因素的限制,难以平等地享受社会发展的红利。对于以工人、农民为代表的普通大众而言,他们对社会的公平正义更加渴求。虽然二者的利益追求不尽相同,但相互逐利的文化氛围对人们的思想和行为产生了潜移默化的影响,功利主义、拜金主义、享乐主义等个体本位思想日益抬头和膨胀。不可讳言,个体本位思想的蔓延和泛滥对以国家和集体为重的社会本位思想造成了冲击,人们一改过去重视集体奉献,开始注重现实功利和物质享受。以学生推优入党为例,当前学生入党动机不纯的现象屡见不鲜,部分学生争取加入党组织是因为身份虚荣或者出于对未来就业、生活的考量,并非本着为人民服务的初心。由此可见,加强主流意识形态工作,防止功利主义、享乐主义等不良思想的蔓延和影响刻不容缓。

三、忽视意识形态教育

国内外环境因素给加强和巩固高职院校社会主义意识形态领导权带来了挑战,但马克思主义哲学认为,外因是促进客观事物发展的条件,内因才是根本,所以,高职院校自身对于意识形态教育的忽视也是影响其社会主义意识形态领导权巩固的主要因素之一。

党的十八大以来,以习近平同志为核心的党中央洞察时势,突出强调意识形态工作的极端重要性,要求全党全国必须高度重视和强化意识形态工作这项极端重要的工作。2016年12月7日至8日,全国高校思想政治工作会议在北京召开。这是新中国成立以来的一次具有里程碑意义的重要会议,揭开了高校思想政治工作的新篇章。习近平总书记在会上发表的重要讲话,对于指导新形势下高校开展思想政治工作具有重要意义。几年来,高校始终坚持围绕"培养什么人,为谁培养人,怎样培养人"这一根本问题加强和完善思想政治工作,在提升思想政治工作实效、铸魂育人方面取得了令人欣喜的成效。比如:思想政治工作队伍不断壮大,思想政治工作机制不断完善,思想政治工作环境更加优越,思想政治工作内容不断拓展,思想政治工作形式日趋多样,思想政治工作评价更加多元有效,思想政治工作的认同度不断提高,等等。但是不可讳言,仍然存在一部分高职院校对思想政治工作不够重视,弱化和淡化意识形态工作的现象。

首先,思想认识不深入。心理学理论认为,知、情、意、行是构成人的思想品德的主要元素。知是情的基础,知是行的先导。这意味着没有正确而深入的认知,不仅在情感上难以实现认同,而且在实践中也不易取得良好的效果,甚至难以落实到实践中。出于对国际国内的严峻形势把握不透彻,对学生的思想和行为了解不全面等原因,有的高职院校对意识形态工作的必要性和重要性缺乏正确认知。他们片面估计我国社会普遍和平的发展环境,主观上臆测学生在思想上和价值观层面都是"根正苗红"的社会主义建设者和接班人,故而把培养学生的专业技术和技能作为工作的第一要务,促使学校管理和资源着力向学生专业技能培养倾斜,淡化和忽视学生的意识形态教育。由此可见,认知影响行为,学校对于意识形态工作认知不足直接导致了学校顶层设计的偏离,所以,把握全局,深化对意识形态的工作的认知是学校重视意识形态工作的首要任务。

其次,措施贯彻不到位。相关调查研究表明,当前我国部分高职院校在意识形态工作中存在着形式主义和措施贯彻不到位的现象。具体表现为两个方面:其一,各级各部门意识形态工作分工不甚明确。意识形态工作是一个庞杂的系统工程,学校的各级各部门都是加强意识形态工作的主体,但是级别和部门工作的分工不同,承担的意识形态工作责任也存在差异。然而,在实际意识形态工作中,有的高职学校由于校党委统筹管理不到位,使得各部门意识形态工作缺乏"主心骨",意识形态工作毫无章法,继而出现各级各部门工作上的内容交叉、混乱和疏漏,给高职院校意识形态工作带来了巨大的麻烦和挑战。其二,意识形态责任落实力度不足。中国人民历来重视情感关系,人情在社会生活中起着重要的作用。在人情关系下,部分意识形态工作者在面对高职院校中出现不当言论和行为时,习惯选择以"好人主义""爱惜'羽毛'""怕伤和气""别惹麻烦""影响团结"等各种理由漠视问题并进行自我麻醉,这种逃避管理和引导的行为凸显了高职院校意识形态工作的软弱和退却,容易给"非马"意识形态渗透提供可乘之机。所以,高职院校加强意识形态工作,不仅要注重细化责任分工,更要以"敢啃硬骨头"的勇气向一切影响马克思主义意识形态领导权的言论和行为说"不"。其三,责任监督机制不健全。无论是意识形态工作中的交叉、疏漏和混乱,还是基于人情关系和其他因素的意识形态斗争中的软弱和退却,都可以归结于监督机制的不完善。没有完善合理的监督和激励机制,高职院校意识形态工作难以有效推进。通过以上的分析,我们不难发现解决高校意识形态工作措施贯彻不到位问题的关键在于建立一整套党委统一领导,各部门、院系共同参与、分工明确、互相监督的意识形态工作和管理机制。

最后,实施成效不明显也从侧面反映了部分高职院校对意识形态工作的忽视。通过对比我国部分高职院校意识形态工作的举措和效果,我们发现凸显时代性的方式手段、具有针对性的内容和积极主动的斗争策略是高职院校意识形态工作的三项"普适原则",把握和运用好三项原则,是高职院校意识形态工作提质增效的重要保证。反之,亦然。所以,部分高职院校意识形态工作之所以成效甚微,原因正在于此。首先,意识形态工作形式呆板传统,缺乏时代感,难以迎合高职学生的个性化需求。如今,全媒体时代已经到来,互联网和新媒体已经成为人们生活不可或缺的一部分,"机不离手"和网络依赖是学生生活的常态。在此背景下,把握学生特点,充分利用网络和新媒体创新意识形态教育的方式方法有助于增强意识形态教育效果。然而,部分高职院校仍然对网络在意识形态工作中的重要性缺乏认识,导致网络平台建设滞后;有的高职院校虽然已经建立了网络工作平台,但由于学校意识形态工作主体网络技术素养与网络平台管理和维护的要求匹配度不高等原因,学校意识形态工作依然采用传统的方式方法,导致网络平台利用率不高,形同虚设。其次,意识形态工作内容刻板陈旧,缺乏系统性和针对性,吸引力不足。马克思主义是与时俱进的科学理论,坚持和巩固马克思主义在意识形态领域的领导地位,也需要与时俱进,及时传达和更新重大讲话精神和相关会议精神,这是高职院校进行意识形态工作的需要。然而,高职院校中部分意识形态工作者简单地把意识形态工作固化为党的理论宣传工作,认为凡是党的正确理论都能起到良好的意识形态教育效果,所以他们忽视意识形态工作时代性和针对性,粗暴地发布陈旧的理论内容。这些内容理论性强,但缺乏新鲜感和针对性,不仅难以激起学生的学习兴趣,产生预想的意识形态教育效果,反而会消解学生对相关思想和理论的关注热情,让学生产生排斥感。最后,意识形态工作在策略上被动粗暴,治标不治本。有的高职院校意识形态工作者把网络上的不良言论和行为视为"洪水猛兽",一旦发现不良言论和行为,就简单粗暴地采取删、截、管等方式企图"堵"住信息的扩散渠道。其实,"堵"是意识形态工作的大忌。这种方式,一方面,增加了意识形态工作者的工作量。网络世界纷繁复杂,网络的开放性和即时性使得短时间内信息得以快速传播,依靠删、截、管等方式,工作量大,成效并不显著。另一方面,直接粗暴地删、截网络信息容易被"有心人"找到借口,恶意造谣,继而引起学生网民的质疑和混乱,引起更大的风波。可见,对待网络上出现的不良言论,简单直接地删、截、管是不可取的,意识形态工作者在面对不良言论和行为时,应该采用科学的策略和方法,主动出击,积极引导,疏堵结合,帮助学生厘清事实道理,以化解网络不良信息的影响,维护学校网络意识形态安全。

四、思政课的主渠道作用发挥不够

思政课是高职院校开展意识形态工作的主渠道。思政课的实效直接影响高职院校意识形态工作的成效。党的十八大以后,思政课的地位被提升到前所未有的高度。2019年,习近平总书记在学校思政课教师座谈会上发表了重要讲话。讲话中他明确强调了思政课在青少年价值观培养和塑造过程中的作用,指出"思政课是落实立德树人根本任务的关键课程,不仅是知识传授的平台和载体,更是价值引领的主渠道和主阵地,直接影响着学生的理想信念、价值理念和道德观念"。多年来,众多高职院校从落实立德树人的根本任务出发,积极推进思政课教育教学改革,探索和尝试思政课提质增效的方法和路径,取得的成效和突破是值得肯定的。但是在高职思政课建设中,不可避免地存在一些问题和漏洞,影响其主渠道作用的发挥。这些问题主要表现为以下三个方面:

第一,思政课教育教学的理论性和思想性不强。思政课作为一门理论课程,它的思想性根源于它的理论性。正如马克思所言:"理论只要说服人,就能掌握群众,而理论只要彻底,就能说服人。所谓彻底,就是抓住事物的根本。"可见,科学把握思政课的理论性,把党的正确思想、政策、精神讲深刻、讲透彻、讲明白是提高思政课教学效果的首要目标。然而,当前部分思政课在增强理论性方面仍然有较大的提升空间。高职院校思政课理论性不强的原因主要包括以下两点:一是课时量限制。目前高职院校普遍按照教育部统一规定的课时要求开设思政课,即"思想道德与法制"48课时,"毛泽东思想和中国特色社会主义理论体系概论"64课时。而在众多思政课教师和学生的印象中,理论晦涩,体系庞大,内涵丰富,系统性、关联性强,学习理解难度大是思政课教学内容的特点。加之高职学生理论基础相对薄弱,且对于时事政治的关注和认知有限等特点影响,使得在有限的课时基础上,把体系庞大、内涵丰富的理论讲清楚,厘清党的思想政策的内涵和意义难度较大。为了完成教学任务,部分思政课教师只能选择性地实施教学,甚至在理论讲授时草草了事，影响教学效果。二是思政课教师的理论素养和理论讲授能力亟待加强。思政课教师是保证思政课教学成效的第一责任人，他们的理论素养和能力决定着思政课教学的质量和水平。随着马克思主义中国化进程的不断推进，马克思主义的理论内涵在继承和发展中日益丰富，作为知识传授者的思政课教师必须具有较高的政治理论素养，及时、准确、深入地挖掘和理解最新思想和政策的内容和意义，为理论教学奠定基础。而在当下的思政课教学中，部分思政课教师由于自身理论素养偏颇，在理论掌握和讲授方面表现出不同程度的本领恐慌和能力危机。事实上，思政课教师理论素养偏颇对思政课理论性的影响主要表现为教学内容讲授生硬、学院化气息浓厚。所谓"内化于心，外化于行"，内化是外化的前提和基础，外化是内化的目的和归宿。诚然，思政课教学，如果教师自身对教学内容的来龙去脉理解不够系统透彻，意味着其在教学过程中很难实现理论的深层次外化。教师对教学内容"囫囵吞枣"和不求甚解，导致教师在教学中习惯性运用空泛化、标签化的话语和脱离现实生活、僵化老套的理论进行内容阐释。其实，理论是灰色的、抽象的。对于知识基础薄弱、反感理论说教和追求个性自由的高职学生而言，用理论讲理论，不仅不能生动鲜活、深入地阐明内容本身的深刻内涵和意蕴，帮助学生增进理解和认识，反而容易让学生产生对理论的距离感和排斥感，消磨学生的学习兴趣。

第二，思政课教育教学的思想性不强。思政课开设的目的就是铸魂育人，思想性是思政课的本质属性和根本要求。由此可见，思政课在高职院校意识形态工作中主渠道作用发挥的重点在于思想性。然而，这恰恰也是当下高职思政课教育教学的难点所在。相关研究报告表明，当前高职院校思政课思想性不强问题十分突出，"重教学，轻育人"甚至"只教学，不育人"的现象屡见不鲜。不可否认，思政课理论性不强是影响其思想性的首要因素。除此之外，高职院校教师考核评价体系的不完善也是导致这一现象出现的外在因素。目前高职院校对于思政课教师的考核评价是多方面的，除教学和科研外，参与社会服务与企业实践、国际交流与合作、继续教育培训等也成为重要的评价指标。这意味着，高职思政课教师在承担教育教学工作之余，还要承担其他的工作内容和处理生活琐事。这在一定程度上消耗和压缩了思政课教师学习和备课的时间。另外，从高职院校的各项考核指标看，部分学校在绩效考核和职称评定中更加偏重论文和科研，对教学的考核也以教学工作量和教学成果为主要指标，对教学成效，尤其是育人成效的关注趋近于零。这种考核和评价方式，促使部分思政课教师将更多的时间和精力投入到科研工作中，缩减教学和育人投入。部分思政课教师因为备课不充分，理论理解不透彻等原因而无法深入地进行理论讲授,继而难以确保教学内容思想性的有效传递,严重影响思政课的教学质量。由此可见,思政课的思想性影响着思政课对学生价值引领和价值观塑造的效果,是其主渠道作用发挥的主要因素,增强思政课的思想至关重要。

第三,思政课的亲和力不足。随着思政课教学改革不断走深走实,一度被冠以"水课"帽子的思政课越来越得到高职学生的肯定和认可。然而不可否认,仍有部分学生不喜欢思政课。他们普遍认为思政课枯燥乏味,生硬无趣,除了说教,毫无意义。学生对思政课的直观感受突出了思政课在高职院校意识形态工作中主渠道作用不明显的关键问题——亲和力不足。所谓亲和力,就是施教者和受教者在教学过程中产生的亲近感和亲切感,是一种让教育双方感觉舒服、温暖和愉悦的内在力量。思政课的亲和力与教学主体、教学内容、教学方式、教学载体、教学环境是密切相关的。

首先,思政课教师是保证思政课亲和力的主导。孔子曾经在《学记》中提到:"亲其师,信其道。"意思是说一个人只有在亲近、尊敬自己的师长时,才会相信、学习师长所传授的知识和道理。通常情况下,教师与学生关系越亲近和谐,学生对课程的投入度越高,教学效果越好;反之,也是如此。而教师与学生的关系如何,与教师的人格魅力的关系不容忽视。思政课教师的人格魅力既体现在对教学内容的理解和讲授上,也体现在日常的行为活动中。二者统一于思政课教师自身,理实一体,共同发挥作用。然而,思政课教学实践证明,思政课教师的人格魅力尚需进一步养成和提高。其一,"真懂"是思政课教师人格魅力的首要条件。当前部分高职思政课教师学识魅力不足,他们囿于理论功底,很难全面深入地理解和把握教学内容。如果思政课教师对教学内容一知半解,那么要实现从教材体系向教学体系的转变就是空中楼阁。教师在授课过程中,无论是内容逻辑还是话语体系都只能采用照本宣科、生搬硬套、"就理论讲理论"等冷硬晦涩的方式,这种授课方式空洞、枯燥,实用性不强,不符合"00 后"学生追求个性和新鲜感的特点,难以吸引他们的注意力,激发学习兴趣。最终,思政课教学变成了教师自我麻醉的"独角戏"。其二,"真信"是增强思政课教师人格魅力的内生动力。坚持让有信仰的人讲信仰,才能讲出思政课的内涵、魅力。信念信仰归属于社会意识的范畴,具有强大的精神力量。这种精神力量在思政课教学中表现为思政课教师教学的勇气和底气。实践证明,相较于部分"知理而不信理"的思政课教师,相信马克思主义、共产主义和中国特色社会主义并具有马克思主义信仰的思政课教师在教育教学中更有情怀,更具人格魅力。部分高职思政课教师自身对于党的思政政策、理论道路等并非真正相信和认同,他们对理论不自信,在教学中自然而然地缺乏宣传和弘扬理论思想的勇气和底气。长此以往,教师可能会因为传播先进思想和文化的动力不足而产生放任懈怠的心理,以"职业求生本能"的心态实施教学活动,导致教学更加被动化、机械化,缺乏吸引力和感召力。其三,"真用"是思政课教师人格魅力的外在表现。在思政课教育教学中,教师的行为是影响教学成效的重要因素。然而在教学实践中,不乏理论与行为割裂的"两张皮"现象。例如,有的教师在课堂上发表"非马""反马"的不当言论,有的教师在日常行为中不能以身作则,在行为上违反道德规范和要求等。《论语》言:"其身正,不令而行;其身不正,虽令不从。"作为教育教学活动的管理者的思政课教师,其行为的偏失不仅会影响学生对于理论内容的认同,也会误导学生的行为。由此可见,思政课教师不能只是站在理论的制高点上高谈阔论的"巨人",更应该做行动上的"巨人",用行为感染和影响学生,增强教育教学效能。

其次,思政课教学方法和形式也是关乎其亲和力的因素之一。值得一提的是,多年来不断深入的思政课教学改革,已经探索和尝试了诸多行之有效的方式方法和手段,尤其是互联网和新媒体的发展和应用,更是为激发学生的学习兴趣,提升思政课教学的亲和力,增强教学效果插上了翅膀。易班课堂、线上线下混合教学、翻转课堂等教学模式的出现就是最有力的证明。但是不可否认,当前思政课教学在形式和方法上仍需继续改进。其中,教学形式和方法单一、教学手段陈旧落后、教学手段应用不当等问题尤为突出。其一,就教学形式和方法而言,一些高职院校思政课依然沿用过去单一的理论教学形式。确实,理论讲授式教学经过长期的实践已经比较成熟,实施比较方便,但是这种通过思政课教师对学生进行"单向度"的理论灌输方式,忽视了学生的主体性。在教学中,教师"一言堂",学生的存在感和参与感不明显。长此以往,学生的课堂行为习惯在无形中被"养成",参与课堂的积极性也会逐渐削减。当然,互联网时代到来以后,一些高职院校将网络教学纳入思政课教学之中,逐渐形成了理论教学、实践教学、网络教学的"三足鼎立"的教学形式。但是在实际的思政课教学实践中,网络教学和实践教学形式化甚至形同虚设的现象并不少见。可见,发挥好高职思政课的主渠道作用,不断推动思政课教学形式和方法创新很重要。其二,教学手段陈旧落后。当下,科技进步日新月异,以虚拟仿真技术、全媒体技术为代表的新兴技术和手段也逐步应用到思政课教学之中,为思政课教学增添了新的活力。但是,个别高职院校在思政课教育教学中却表现出难以适应现代教学手段更新换代的步伐,不仅使用的教学手段陈旧落后,而且功能和作用不新颖,不全面,难以适应高职学生追求新鲜和个性的要求,从而导致课堂教学吸引力和亲和力不

034 / 高职院校思想政治理论课立体化教学改革的探索与实践

足。值得注意的是,教学手段并非越多越好,教学手段的滥用,会使课堂流于形式,耗费学生的学习时间,导致课堂理论性削弱,不利于保障教学效果。而思政课教学形式、方法和手段等一系列问题的出现与教学投入和保障不足密切相关。所以,提升思政课教学的亲和力需要高职院校在外在条件上下功夫。

第四,思政课的针对性不强。增强高职思政课的针对性是思政课主渠道作用落地的要求。首先,这是由思政课的教学内容决定的。众所周知,思政课以传播马克思主义和马克思主义中国化的理论成果,培育学生树立和坚定道路自信、理论自信、制度自信、文化自信为主要目标。作为思政课的主要内容,马克思主义及其中国化的理论成果是实践基础上理论经验的总结,是在自然界、人类社会、人的思维的普遍规律的归纳。它们不是教条,它们的内容没有完结,它们因为具有时代性而具备旺盛的生命力。因此,毛泽东同志曾就学习马克思主义的态度指出:"学马克思主义的根本是学灵魂、实质,而不是学皮毛、形式,需要的是'真马克思,活马克思,香马克思'。"由此可见,增强思政课的针对性是马克思主义理论的内在要求,立足实际讲马克思主义及其中国化的理论成果,才能让理论有效落地。其次,这是由思政课的教学对象决定的。兴趣是最好的老师。紧扣思政课教学对象的特点和要求,有针对性地开展思政课教育教学,有利于强化学生学习内驱力,提升思政课教学效果。然而,相关调查研究表明,当前高职思政课教育教学的针对性不强的现象仍然比较普遍,其中,供需关系不匹配,教学内容和学生需要"两张皮"就是高职院校思政课针对性不强的直观表现。如今,虽然大多数高职院校已经按照教育部 1∶350 的师生配比完成了思政课教师队伍构建的任务,但大多数学校的思政教学仍然以大班教学为主。毋庸置疑,对于追求个性自由的"00 后"高职学生而言,他们的特点和要求是多种多样的。在大班教学条件下开展针对性教学,满足学生的特点和需求并不容易。基于此,有的高职思政课教师为了减少工作量,降低备课难度,选择忽视学生的个性和差异,无差别地实施教育教学。显然,这种不触及学生实际和问题困惑的教学对有较强功利性的学生是缺乏吸引力的。可见,高职思政课应该注重学生的特点和需求,从实际出发,开展针对性的教学,增强思政课教育教学的亲和力。

五、协同育人机制尚未完全建立

思想政治理论课在高职院校意识形态工作中的主渠道作用有目共睹。但意识形态工作是兼具复杂性、系统性和长期性的过程，仅凭思政课不行，还需要整合和发挥高职院校党建、行政、二级学院、后勤等各方力量的主阵地作用，推动构建全员、全过程、全方位的"三全育人"新格局，以凝聚育人合力。当前，在党中央的高度重视和教育改革的大潮推动下，很多高职院校已经初步建立了校党委统一领导，各部门共同参与的协同育人机制。但是，审视其在高职院校意识形态工作中的实施，主渠道和主阵地的协同仍然存在多个突出问题。首先，育人观念存在偏差，影响高职院校育人效果。目前，各高职院校已经构建起相对完善的职能分工和规章制度，如学生处主要负责学生的日常事务，教务处主要为教师提供服务，后勤处负责学校的设备、安全等工作。各部门分工明确，各司其职，为学校的有序运转奠定了组织和制度保障。可是，复杂而循环往复的工作也让包括行政人员、后勤工作者、专业课教师等在内的部分高职从业者渐渐忽略甚至忘却了学校铸魂育人的根本任务和本质要求。在他们看来，立德育人是思政部门和思政课教师的专属，他们以"专业人做专业事"的标准把自己独立于"思想政治工作者"和"育人工作者"的范畴之外，认为自己在育人工作中的作用无关紧要。观念的偏差，使得部分高职院校工作者只重视工作内容本身而忽略其育人责任。事实上，高职院校是一个育人系统，每一个元素都是这个系统中不可或缺的部分，承担着育人的责任。所以，加强认识，转变观念，调动高职院校一切积极因素为育人服务，构建积极向上的育人环境至关重要。其次，机制建设不完善，协同育人实效不强。根据相关调查，部分高职院校至今尚未建立科学有效的协同育人机制，对各部门、成员在协同育人中的职能分工、工作量计算和考核、奖罚细则等实施方案缺乏明确的制度规定。缺乏刚性的制度约束，协同育人工作就有了人的主观性和随意性的空间，所以容易流于形式，影响育人实效。最后，各部门各自为政，沟通交流热情不高，协作配合不到位。高职院校中每个部门的工作都是复杂而繁琐的，因此各部门人员在必要的工作联系之外，几乎很少与其他部门成员沟通。以高职院校辅导员和专任教师的关系为例，辅导员作为高职院校学生工作的直接责任人，是学校各部门与学生的纽带，他们不仅要将学校各部门的要求和规定传达给学生，还要负责处理学生的日常生活和学习的各种工作。而专任教师承担着学生的课程教学任务，保障和提高教学效果是他们的主要职责。二者的工作内容虽然不同，但是因为对象的一致性，二者之间的联系也是必然的。然而，在高职院校的实际工作中，出于工作性质、工作内容、所属部门等多方面原因，辅导员和专任教师相互交流的热情并不高，除非特殊和意外情况发生，否则很少主动进行交流和沟通。显然，缺乏沟通不利于协同育人作用的发挥。对于专任教师而言,没有辅导员的帮助,他们不仅难以科学把握学生的特点、需求并实施针对性教学,也难以对学生进行全面的考核评测,检验教学和育人效果。对于辅导员而言,缺乏专任教师的反馈,他们综合了解学生的学习情况,继而发现问题,防患于未然。除此之外,思政课教师与专任教师之间、教师与行政部门之间沟通不畅的情况屡见不鲜,因此,保证增强高职院校协同育人效果,促进各部门成员间的深度沟通是前提。

第三节　高职思政课与马克思主义意识形态的巩固

找到问题的根源,才能彻底解决问题。对于高职院校意识形态工作而言,厘清和总结面临的挑战和困境不是终点,而是新时代加强和完善意识形态工作的起点。梳理高职院校主流意识形态工作的问题,我们清醒地认识到,新时代条件下,国际国内形势不可逆转,强化主流意识形态工作必须加强高职院校的"武装",增强抵御"非马""反马"等不良思想和言论的能力。为此,高职院校应该将思政课的主渠道作用和思想政治工作的主阵地作用结合起来,明确思政课教师在意识形态教育中的核心地位,推动"课程思政"与思政课程同向同行,统筹大中小思政课一体化建设,为高职院校意识形态工作增效。

一、明确思政课教师在意识形态教育中的核心地位

思政课是高职院校意识形态教育的前沿阵地,对高职院校意识形态教育的作用举足轻重。重视加强和改进思政课教育教学已然成为高职院校意识形态工作的共识。回顾过去思政课教育教学改革的探索和实践不难发现,无论是内容、逻辑的重构还是形式、方法以及手段的创新,无论是线上还是线下,无论是理论还是实践……思政课教师的关键作用从来不曾被弱化。

教育部发布的《新时代高等学校思想政治理论课教师队伍建设规定》指出,"思政课教师是指承担高等学校思政课教育教学和研究职责的专兼职教师,是高等学校教师队伍中承担开展马克思主义理论教育、用习近平新时代中国特色社会主义思想铸魂育人的中坚力量"。的确,思政课教师是思政课教育教学的主体,其能力、素质和水平很大程度上

决定着思政课教育教学的成效。面对来自国际国内的主流意识形态挑战,特别是思政课思想性、理论性、针对性和亲和力不足,主渠道作用发挥不够的现实,组建一支政治立场坚定、业务能力精湛、理论素养扎实的高水平专业化思政课教师队伍,是保障思政课教师在意识形态教育中的核心地位的题中之义。

习近平总书记基于提升办好思政课的角度,在学校思政课教师座谈会上针对思政课教师的素养提出了六项要求,即"政治要强、情怀要深、思维要新、视野要广、自律要严、人格要正",勉励思政课教师不断加强"自我修炼",引导和帮助青少年学生扣好"人生第一粒扣子",发挥好其在意识形态教育中的关键作用。诚然,一支高质量思政课教师队伍的建设,必然是思政课教师主观能动性与外部条件保障"内外兼修"的结果。基于此,加强思政课教师队伍建设,理应在思政课教师自身和外部条件保障这两个方面下功夫。

第一,"乐为、敢为、有为"是思政课教师履职胜任的内在要求。首先,培养"乐为"的思政课教师,要提高政治站位,强化情感认同。思政课鲜明的政治和意识形态属性不仅规定了其在铸魂育人、思想引领和价值观培育方面的功用和价值,也对思政课教师的政治素质和思想修养提出了要求。思政课教师具备坚定的政治信念,深厚的家国情怀是"种好责任田"的根本。"要让有信仰的人讲信仰"是习近平总书记在学校思政课教师座谈会上对思政课教师提出的要求。他指出:"只有让对马克思主义的信仰,对社会主义和共产主义的信念,首先在思政课教师心中扎下根,才能在学生心中开花结果。"毋庸置疑,在文化潜移默化的影响下,一个政治意识薄弱,缺乏政治信仰、政治头脑和政治定力,对党的路线政策理论心存疑虑、不求深入、一知半解的思政课教师,要培养出坚定拥护党和国家建设的合格建设者和接班人是不可能的。所以,思政课教师必须以深刻理论武装头脑,拧紧思想"总开关",做"政治上"的明白人。教师通过深入学习和领会马克思主义理论及其中国化的理论成果,理解和感悟党和国家的思想、政策、举措的深刻内涵和意义,坚定政治立场,坚持以中国特色社会主义共同理想共产主义远大理想为目标,坚定中国特色社会主义道路、理论、制度和文化自信,对党和国家的建设和繁荣充满信心。同时还要保持清醒的政治头脑,提高政治敏锐度,在面对鱼龙混杂、沉渣泛起的"非马""反马"思想时保持政治定力,自觉抵制错误思想的侵袭。然而,思政课教师坚定的政治意识和信仰不是先天的,这源于其对思想理论的理解、领悟和认同。因为认同,思政课教师具备了理论讲授和分享的自信和底气,从而化被动为主动,自觉担当思想理论宣传的责任。所以,不断加强政治理论学习,筑牢思政课教师的理论根基对发挥思政课教师的重要性不言而喻。当然,思政课教师的"乐为"不仅表现为由思想认同衍生的理论讲授的底气和自信,还表现为情感认同基础上的"乐"的表达与传递。空洞、枯燥、冷硬的理论是乏味的,而情感却是理论的"增味剂"。所以,思政课教师在教学中不能就理论讲理论,而是要将自己的家国情怀、深厚情感融入理论之中,从而以真挚的情感感染学生,增强教学的吸引力。其次,培养"敢为"的思政课教师,要练就过硬本领,增强行动自觉。开展教育教学工作铸魂育人和进行科学研究推动理论创新是思政课教师的两大主要任务,完成任务的关键在于练就过硬的本领。除扎实的专业基础外,一个优秀的思政课教师还需要组织和实施教学的能力,灵活运用教学方法和手段,推动教学改革的能力;进行理论整合、阐释和创新的科学研究能力、建设能力和社会实践能力等。这些能力的培养需要长期不懈的努力,思政课教师要突破传统思维的束缚,紧跟社会发展的脚步,在不断拓宽视野,广泛涉猎,丰富和深化理论学习的同时,坚持与时俱进和开拓创新,大胆运用新思维、新技术、新方法、新突破推动思政课教育教学改革,以带给学生更多新鲜感和体验感,增强教学的亲和力和吸引力。最后,培养"有为"的思政课教师,还要强化责任担当,涵养人格魅力。人格魅力是指一个人在性格、气质、能力、道德品质等方面具有的吸引人的力量。思政课教师的人格魅力可以表现为有扎实的学识、过硬的教学能力、勤勉的教学态度、科学的教学方法和特色的教学艺术,也可以表现为高尚的思想境界和行为担当。从优秀思政课教师教书育人的责任和效果看,知与行相统一才能更好地发挥思政课教师的人格魅力。做到知行合一,思政课教师首先应该正己修德,严格要求自己,时刻注重为人师表,言行如一,说到做到,不能只在课堂上高谈阔论,做思想上的"巨人",却做行动上的"矮子"。"桃李不言,下自成蹊。"教师通过言传身教潜移默化感染学生,在学生的心中播下真善美的种子,有助于学生实现理论内化和行为外化,增强育人效果。

第二,加大投入力度,完善的教育教学条件是思政课教师履职胜任的外在保障。首先,加大思政课教师的引进与培育力度。一方面,高素质的思政课教师队伍的建设和培养离不开新生力量的注入。根据 2020 年教育部印发的《新时代高等学校思想政治理论课教师队伍建设规定》的要求,高等学校应当严格按照师生比不低于 1:350 的比例核定专职思政课教师岗位,配齐建强思政课专职教师队伍。高职院校引进思政课教师,不仅是推动思政课教学改革的要求,也是优化思政课教师结构的必然要求。另一方面,教育培训是提升思政课教师素质和能力的有效手段。面对部分思政课教师理论基础薄弱,理论阐释、运用和说服不到位和网络化、信息化给思政课教师带来的压力和挑战,学校应加大培训力度,组织系统性、全面性的培训,以帮助思政课教师弥补不足,提升教育教学能力和水平。其次,加强思政课教育教学保障设施建设。思政课教育教学保障设施,既包括教室、教材等基础保障,也包括教育教学平台搭建,实践基地的开发与拓展、教学手段方法更新等教学质量提升要求的内涵性保障。加强思政课教育教学保障设施建设有助于思政课教师推进教学改革和创新,增强思政课教学的亲和力和针对性。最后,推进教师考核评价机制和职级晋升制度优化完善。思政课教师的考核评价机制以及职级晋升制度是衡量教师工作能力和激励思政课教师不断进步的手段。合理有效的考核评价标准和职级晋升通道有助于激发思政课教师工作的积极性和创新创造的活力,反之,亦然。由此,立足当前思政课教师在考核评价和职称晋升中的问题,构建以育人为根本指标,教学、科研和社会实践能力多元发展的多维度考核机制和促进职称晋升制度完善,对于激发思政课教师的内生动力具有重要意义。

二、"课程思政"与思政课程同向同行

无可置疑,思政课对高职院校落实立德树人根本任务具有关键性作用。根据相关统计数据,思政课作为公共基础课程,在高职院校课程体系中所占比重较小,而且思政课只发生在特定的某几个学期的课程,无法贯穿学生学习生活的全过程。而专业课程和通识课程无论在课时总量,还是在教师总量上都具有绝对的优势。因而,学生在专业课和通识课上投入的时间和精力也是数倍于其在思政课上的投入。由此可见,高职院校加强意识形态教育工作不能仅靠思政课的"独奏",发挥专业课程和通识课程的德育作用,促进其与思政课相互配合,互促互进同样不容忽视。习近平总书记在全国高校思想政治工作会议上,提出了"把思想政治工作贯穿教育教学全过程,实现全程育人、全方位育人,在改进中加强思想政治理论课,其他各门课都要守好一段渠、种好责任田,推动'思政课程'与'课程思政'同向同行,创新协同育人新模式"的要求。自此,"如何推进思政课程和课程思政同向同行,构建协同育人的'大思政'格局"成为高职院校意识形态教育工作的热点课题。

发挥思政课程与课程思政同向协同育人合力,立足"同向""同行"两个基本点是关键。首先,"同向"是思政课程与课程思政协同育人的根本出发点和落脚点。众所周知,为中国特色社会主义培养合格建设者和可靠接班人是高职院校立德树人的根本目标。

毫无疑问,高职院校的所有人力、物力资源都必须共同致力和服务于这个目标的实现,无一例外。然而,部分高职院校的意识形态工作并不似理论那样顺理成章,部分非思政课教师在观念认知上割裂了教学和育人的联系,将自己排除在意识形态工作之外,致使其片面注重知识的传授而忽略学生道德素质的培养。由此可见,推进思政课程与课程思政"同向而行"的首要任务在于转变非思政课教师的观念。非思政课教师必须打破原来专业课强技能、思政课重育人的学科教育偏见,挖掘思政课程与非思政课程之间的关联和衔接,重视融思政元素于课程教学内容之中,从而达成教学和育人相统一的效果。其次,"同行"是思政课程与课程思政协同育人的根本保障和题中之义。建立健全党委统筹设计引领,党政齐抓共管,相关职能部门各负其责,协同配合的课程思政协同工作机制是推动思政课程与课程思政"同力同行"的制度要求。构建思政课程与课程思政协同工作机制需要从以下四个方面着手:第一,加强和做好学校顶层谋划,发挥校党委的统筹引领作用。校党委理应高度重视课程思政建设的价值内蕴,将其纳入学校要点工作范畴,并在突出学校自身特色和吸收借鉴其他学校优秀的案例经验的基础上,着力做好课程思政建设的顶层谋划,统筹安排责权分工,努力营造积极主动的协同育人环境,为各职能部门自上而下地加强协同育人工作提供方向指引和策略支撑。第二,坚持引育结合原则,打造德技并修、业务精良的课程思政教学示范团队。招募和吸收专业能力强、政治素质硬的思政课教师与专业课、通识课教师"结对子",助推思政课教师与其他课程教师定向合作。与此同时,加大课程思政课教师队伍的训育力度,着力强化教师的素质能力,以铸就一流尖兵教学团队。课程思政示范团队的建设,不仅有助于打造独具特色的优质课程品牌,增强课程的育人效果,而且能够以精促提,以精促优,引领其他课程的课程思政建设进程。第三,搭建课程思政互动交流平台,增进各职能部门沟通合作和资源共享。课程思政建设不是思政课教师和非思政课教师的"双簧",而是关涉诸多职能部门的"合奏",只有沟通顺畅,互相配合,团结协作才能演绎出令人满意的"盛宴"。如今,思政课教师与非思政课教师互动交流机会少,资源互通受限,沟通合作不灵仍然是制约思政课程与课程思政同向同行的一大难题。基于此,搭建课程思政互动交流平台,增进思政课教师和非思政课教师之间的沟通合作和资源共享显得尤为重要。各职能部门必须积极创设有利条件,如常态化开展课程思政教学研讨和经验交流会议,制定听评课制度,完善绩效考核标准,建立课程思政教学资源库等,为强化思政课教师和其他教师的互动沟通和资源共享提供便利。毋庸置疑,课程思政互动交流平台的搭建无论对思政课教师了解熟悉学情,提高教学针对性,还是对于非思政课教师挖掘课程中的思政元素,提升育人效果都是利好。第四,建立健全课程思政监督和激励机制,助推课程思政落地落实。构筑"大思政"格局,让思政课程与课程思政同向同行的协同育人作用落到实处,除了需要明确和完善各职能部门和成员在课程思政建设工作中的责任分工,发挥部门和成员的主观能动性之外,外部的监督管理和奖惩激励同样不可或缺。对此,学校一方面要制定完备的监督检查制度体系,逐步推进督导评价与部门互评相结合,过程性监督和成效检查相统一的多维度监督管理体系,为课程思政建设落实提供外源动力。另一方面,学校要规范奖惩制度,完善课程思政激励机制。要将课程思政工作内容和成效纳入绩效考核和职称评审之中,并结合育人目标要求,合理评测和设定课程思政工作的指标和权重,从而激励全校教师向课程思政建设倾斜,为课程思政建设服务。

三、统筹大中小思政课一体化建设

诚然,思政课的内容和形式,教师的质量和教学管理水平,学校的重视程度都是学生学习兴趣的重要影响因素,从这个意义上看,办好思政课,高校责无旁贷,任重道远。然而,诸多思政课教学实践发现,部分学生参与度不高,学习兴趣不强与其对思政课的抗拒和排斥心理有关。引致学生对思政课产生排斥心理的原因很多。譬如,教学内容与前期学习的内容交叉重复消解了学生的求知欲,刻板单一的教学方法消退了学生的参与欲等等。这些问题的出现归根究底都是对思想政治教育规律和学生成长规律把握不足造成的。可见,发挥思政课铸魂育人的作用,不仅要重视高校思政课建设,尊重教育发展规律,在把握各学段学生成长特点的基础上发展中小学思政教育,统筹大中小思政课一体化发展同样不可小觑。基于此,习近平总书记在学校思想政治理论课教师座谈会上指出:"人的成长、成熟、成才不是一蹴而就的,而是一个渐进的过程,就跟人的生理发育一样,所以要把这几个阶段都铺陈好。"他强调"要把统筹推进大中小思政课一体化建设作为一项重要工程,坚持问题导向和目标导向相结合,坚持守正和创新相统一,推动思政课建设内涵式发展"。

2019 年 8 月,中共中央办公厅、国务院办公厅印发的《关于深化新时代学校思想政治理论课改革创新的若干意见》,从课程目标、课程体系、课程内容、教材体系、教师队伍等多个方面为统筹推进大中小思政课一体化建设提供了方向和原则指导。

首先，坚持统一性和差异性相结合，合理规划思政课教学目标。政治性是思政课的第一属性。它决定了思政课教学目标的统一性。任何学段思政课都要坚持把铸魂育人，引领学生树立正确的世界观、人生观和价值观，为中国特色社会主义培养合格建设者和接班人作为首要目标，毫不动摇。同时，铸魂育人的内容非常丰富，在表现形式上也存在诸多层次，这就对受教育者的认知、见识、体悟、能力等提出了差异性的要求。由此，大中小学思政课应该在坚持铸魂育人的统一性目标前提下，以各学段学生的特点和需求为根据，科学规划教育目标。比如，小学生的社会认知少，所以小学阶段的思政课教学目标应设立为品德教育，从学生身边的人和事切入，引导他们在体验社会大家庭的幸福和温暖中形成对国家、集体的美好情感。对于初中学生而言，他们的视野逐渐开阔，开始对事物有一定的思考与好奇，此时，思政课的教育目标应该放在打牢思想基础上，引导学生把党、祖国、人民装在心中，强化做社会主义建设者和接班人的思想意识。随着学生认知的增加，高中阶段的思政课也会逐渐深入，并开始触及现象分析，此时，通过分析现象背后的原因分析马克思主义理论的科学性、社会主义制度的优越性等的主要目的是提升学生的理论和政治素养，产生政治认同。大学阶段，重在增强使命担当，引导学生矢志不渝听党话跟党走，争做社会主义合格建设者和可靠接班人。各学段教学目标的规划与知、情、信、意、行逐渐上升的思想品德形成和发展规律具有一致性，体现了层层递进的教育发展特点，对推动大中小思政一体化具有重要作用。

其次，坚持继承性与发展性相结合，优化思政课课程体系。如今，思政课已经初步形成了一整套比较系统的课程体系。长期的思政课教学实践证明，该课程体系比较适应各学段学生的认知特点和成长规律，能够基本满足思政课教学育人的需要。所以，现有的思政课课程体系不乏可取之处，继承当前思政课课程体系的精华，是新时代思政课教学改革的要求。同时，大中小思政课的课程体系仍需调整完善也是不容忽视的事实。对此，注重课程体系的建设发展，以问题为导向，对现有课程体系中进行"扬弃"，也是大中小思政课一体化建设的必由之路。而改革和优化课程体系建设，一方面需要搭建大中小思政课课程资源共建共享平台，强化大中小思政课课程资源交流互通，为各学段思政课教师优化课程体系提供便利和依据；另一方面，需要组织一支大中小思政课教师齐参与，专业能力强，政治素养过硬的专家教师队伍，着力探索和调整大中小思政课课程体系的"排兵布阵"，既打造符合各学段学生成长特点的专属课程体系，也建设纵向贯穿，循序渐进、螺旋上升的课程体系。

再次,坚持规律性与时代性相结合,统筹推进思政课课程内容建设。目前,大中小思政课以爱党、爱国、爱社会主义、爱人民、爱集体为主线,立足"实现中华民族伟大复兴的中国梦"统筹拓展课程内容。其中,既有对中华优秀传统文化的继承,对中国共产党史、新中国史、改革开放史、社会主义发展史的总结和阐释,对过去历史经验和教训的吸收借鉴,也融入了习近平新时代中国特色社会主义理论的内容和成果,突显着与时俱进的时代特征,对培养和增强学生对中国特色社会主义和中国共产党的思想认同、情感认同、政治认同具有重要意义。但是,过去各学段思政课由于对思想政治教育规律和学生成长规律把握不足,对课程内容的选择和建设重视不够,而且中小学思政课采用的教材并不统一,开设的必修课程和选修课程也存在差异,使得各学段思政课在教学内容上出现了交叉、重复、缺失、脱节等一系列问题,从而增加了各学段思政课课程内容衔接的难度。为此,教育部门应该发挥牵引作用,科学把握教育的规律性,统筹研究各学段课程内容的特点,从课程内容衔接的视角强化思政课课程内容的顶层设计。同时,要统一大中小教材,编订各学段教学辅助工具书,帮助各学段教师把握课程内容和讲授方式,继而避免学生因为课程内容衔接不当而产生排斥或畏难心理。

最后,坚持主体性和实践性相结合,促进教学方法和形式变革。教学形式和方法的选择和运用与教育教学效果密切相关,适合学生特点的方法和形式有助于激发学生的热情,调动学生的积极性;反之,就会削弱学生的学习兴趣,甚至产生抗拒学习的叛逆行为。受应试教育影响,中小学思政课中往往给人留下"不考不学""水课""被占课""划重点"和"死记硬背"等印象,学生在长期的思政课学习中处于被动地位,他们犹如"机器"一般机械地听取教师的讲授"程式",完全找不到思政课学习的乐趣,长此以往,形成了对思政课的刻板印象,使得其在接受思政课教育之前就在思想上产生抗拒和逆反,所以很难真正投入到思政课教学实践中。推进大中小思政课一体化,就是要破除学生对思政课的刻板印象,思政课教师要从学生实际出发,选择合适的教学方法和手段,增加实践性环节,让学生在课堂上化被动为主动,以培养学生对思政课的兴趣,并以兴趣激发学习动能。

第三章　落实立德树人根本任务

第一节　立德树人思想的历史渊源及其内涵

一、立德树人思想的历史渊源

新时代立德树人思想的产生,有其深厚的历史渊源。它受中华优秀传统文化、马克思主义人学理论以及中国共产党人的德育思想等思想理论的滋养。

(一)中华优秀传统文化

中华民族拥有几千年的悠久历史,在几千年的历史长河中形成了独具中华民族特色的文化思想,几千年的文化思想中处处蕴含着"立德树人"思想,尤其是其中的道德价值体系和道德教育理论最为突出。

早在先秦时期,我国就产生了"立德"的思想。先秦时期,我国古人提出了"三不朽",认为人生有三个追求不会随着人的生命的终结而消失,分别是"树立德行""建功立业""创立学说",其中"树立德行"处于第一位,足以看出,在古代人才培养和国家发展中,都非常重视"立德"。除此以外,在儒家的代表作《礼记·大学》和《孟子·尽心上》等著作中也蕴含着丰富的"立德"思想。《礼记·大学》说:"大学之道,在明明德,在亲民,在止于至善。""明德""亲民""止于至善"是儒家在德行修养上要达到的目标,它的大意是指,"君子之学"或者"大学"的宗旨在于彰显光明正大的品行,在于反省提升自己的道德,并且推己及人,在教育人的过程中也要运用这种品行,使整个社会能够达到极其完美的道德境界。其核心突出了"德"。2014 年 5 月 4 日,习近平总书记在北京大学师生座谈会上发表重要讲话时也引用了这句名言。《孟子·尽心上》:"穷则独善其身,达则兼济天下。"这句话体现了两层含义:一方面,古代教育重视提高个人修养和道德素质,彰显了"为己之学"的特点;另一方面,展现了古人的家国天下情怀和对民族前途命运的责任担当。

"树人"思想的出现,最早可追溯到《管子·权修》这一著作中。《管子·权修》:"一年之计,莫如树谷;十年之计,莫如树木;终身之计,莫如树人。"其大意为,如果是做一年的计划,种庄稼最合适;如果是做十年的规划,栽种树木最合适;如果是做终身的谋划,培养人才最为合适。管仲将种庄稼、栽种树木和培养人才进行比较,突出了培养人才的重要性和长期性。管仲认为"树人"就是培养能够帮助君主治理国家、发展生产、管理人民、富国强兵的有用人才。还有其他许多的古代著作、名言中也蕴含着"立德树人"的思想,它随着历史的变迁和时代的发展,在言语表述上有了许多变化,但它始终蕴含在中华民族传统文化中,随着中华民族传统文化的发展而得以继承和创新。

(二)马克思主义人学理论

马克思主义人学理论内容丰富,它将人的存在、人的本质以及人的发展规律作为研究对象,它是在哲学领域对"人"进行深刻思考。其中人的需要理论、人的自由全面发展理论等为新时代立德树人思想奠定了哲学根基。

1. 人的需要理论

人的需要理论是马克思主义唯物史观的一个重要范畴。马克思认为,需要是人的本性,人的某种行为的发生受某种需要的驱使。对于青年大学生而言,养成良好的道德品质、掌握丰富的科学文化知识、拥有过硬的业务本领就是最大的需要。坚持立德树人就是要把学生培养成为德智体美劳全面发展的有用之才,这也是高校的根本任务。因此,坚持立德树人就必须坚持马克思主义关于人的需要理论,以满足青年大学生成长发展的需求和期待,从学校的思想政治教育工作来看,就是要不断提升思想政治教育的亲和力和针对性,增强学生的获得感。

2. 人的自由全面发展理论

实现人的自由而全面的发展是马克思、恩格斯的最高追求目标。何谓"人的自由而全面的发展"？它包含了人的生理、心理得以成长，思想道德和科学文化素质得以提升；个人拥有选择活动领域、发展方向、生活方式的权利和自由；个人既可以从事生产社会物质资料的体力劳动，也可以从事生产精神文化产品的脑力劳动，当然个人也可以同时从事这两项劳动。总而言之，个体的人成为自己本身的主人，个人在不损害他人的选择权的原则下拥有最大的选择权。在新时代，培养德育、智育、体育、美育、劳育得以充分发展的人才是高校教育的追求目标，归根结底就是"立德树人"。因此，当前突出强调教育的根本任务、确立思政课程的关键地位，就是对人的自由全面发展理论的生动实践。

（三）中国共产党人的德育思想

一直以来，中国共产党就相当重视"培养什么人，怎样培养人，为谁培养人"这个重大的问题。在解决此问题的过程中，将"德育"摆在了突出位置，形成了丰富的德育思想。在新中国成立初期，毛泽东等人面对当时复杂严峻的国内外局势，提出了人才培养的要求，那就是要使劳动者既要有社会主义觉悟、有文化，又要使劳动者的德育、智育、体育得到充分发展。由此可以看到对"德育"的重视。那么这里的"德育"指什么呢？德育的内容包含了马克思主义理论教育、革命理想教育、集体主义教育以及爱国主义教育等。改革开放以来，邓小平同志从中国的实际出发，对标实现国家现代化需要的人才标准，将"德育"放在重要位置，设定了培养"四有新人"的目标。此时的"德育"将理想教育作为核心内容。后来，江泽民同志首次明确提出了学校要将德育放在首位的要求。根据当时的时代条件，"德育"的内容更加丰富，在继承原有的教育内容的基础上增加了马克思主义中国化理论成果的内容。进入新世纪，我们党对教育现状的认识和思考进一步深化，不断更新教育理念，更加明确教育目标，提出要将立德树人作为教育的根本任务，要使劳动者在德育、智育、体育、美育、劳育等五个方面得到充分发展，并且将"立德树人作为教育的根本任务"写入党的十八大报告中，这是"立德树人根本任务"首次出现在官方文件中。中国特色社会主义进入新时代以后，站在新的历史起点，习近平总书记充分继承了前人的德育思想，针对"立德树人"的重要性以及新时代如何"立德树人"等问题展开了一系列论述。例如，他在讲话中多次谈到的"高校立身之本在于立德树人""落实立德树人根本任务的课程是思政课"，既丰富了我们党的教育理论，书写了新时代立德树人新篇章,也对新时代的思想政治教育工作具有十分重要的指导作用。

二、立德树人的内涵界定

立德树人的内涵要义随着时代的发展得以丰富和创新。经过了革命年代、建设岁月、改革时期,中国特色社会主义进入了新时代。那么当前要理解清楚"立德树人"的深刻内涵,就必须要抓住"中国特色社会主义进入新时代"这个大的时代背景。

(一)新时代"立德"的根本要义是"明大德、守公德、严私德"

党的十八大以来,习近平总书记高度重视立德树人问题,在多次讲话中谈到"立德树人"。关于"立德",他寄语广大青年学子、党员干部、人民群众要立德、修德、践德。2014年5月4日,习近平总书记前往北京大学考察,他在发表重要讲话时引用了古语"德者,本也"。他指出,因为德是首要、是方向,所以我们的用人标准是德才兼备、以德为先,一个人只有明大德、守公德、严私德,才能够放心大胆地让他发挥才华。如何"修德"? 他进一步指出,"修德,既要立意高远,又要立足平实。要立志报效祖国、服务人民,这是大德,养大德者方可成大业。同时,还得从做好小事、管好小节开始起步,'见善则迁,有过则改',踏踏实实修好公德、私德,学会劳动、学会勤俭,学会感恩、学会助人,学会谦让、学会宽容、学会自省、学会自律。"由此可以看出,对青年人而言,"明大德"就是要志存高远,勇担时代责任,报效祖国,奉献社会;"守公德"就是要遵守社会公德,提高自身道德修养,崇尚高尚品德,做社会公德的示范者、良好道德风尚的维护者;"严私德"就是要传承中华传统美德,努力成为一个拥有自律、感恩、善良、宽容、勤俭等美好品质的优秀青年。

2018年3月10日,习近平总书记在参加十三届全国人大一次会议重庆代表团审议时强调,"领导干部要讲政德。政德是整个社会道德建设的风向标。立政德,就要明大德、守公德、严私德。"他还进一步解释了"明大德、守公德、严私德"的深刻内涵。他提出,对党员干部而言,"明大德"就是理想信念坚定、政治素质过硬、对党绝对忠诚;"守公德"就是要坚持立党为公、执政为民,为人民的幸福生活不懈奋斗;"严私德"就是要严格约束自己和家人的行为操守,克己奉公。明大德、守公德、严私德是党和国家对青年学子和党员干部提出的共同的要求,尽管其内涵和具体要求有所不同,但是他们遵循一个共同准则,那就是社会主义核心价值观。新时代讲"立德",就是要以社会主义核心价值观为准则,引导学生"明大德、守公德、严私德"。

(二)新时代"树人"的根本要义是培养担当民族复兴大任的时代新人

新时代如何理解"树人"？我国是社会主义国家,我国的国家性质决定了必须培养出拥护社会主义制度并且愿意为社会主义事业不懈奋斗的优秀人才。自中国共产党成立以来,一代代中国共产党人带领广大劳动人民不懈努力奋斗,推动中国特色社会主义事业不断向前发展。党的十九大正式宣布:"经过长期努力,中国特色社会主义进入了新时代。"进入新时代意味着我们离实现中国梦的伟大梦想越来越近。实现伟大梦想离不开教育和人才的支撑。因此,立足于实现新时代伟大梦想的战略目标,习近平总书记反复强调培养堪当民族复兴大任的时代新人的目标任务。那么何谓"时代新人"？习近平总书记在 2016 年谈道:"广大青年要自觉践行社会主义核心价值观,不断养成高尚品格。要以国家富强、人民幸福为己任,胸怀理想、志存高远,投身中国特色社会主义伟大实践,并为之终生奋斗。"他在党的十九大报告中继续谈道:"青年兴则国家兴,青年强则国家强,青年一代有理想、有本领、有担当,国家就有前途,民族就有希望。"从习近平总书记的重要论述中可以分析出时代新人的科学内涵,时代新人必须拥有坚定的理想信念、强烈的担当精神、过硬的知识本领和坚持不懈的奋斗精神。

时代新人应当具有坚定的理想信念。实现中国梦是新时代的伟大梦想,伟大梦想的实现不可能轻轻松松,需要长期的艰苦奋斗,如果没有理想信念的支撑,就不可能承担并完成使命任务。所以,广大青年要树立为共产主义事业、为中国特色社会主义事业奋斗的理想信念,要自觉把个人的前途和国家的命运紧密联系在一起。中华民族能够取得今天的成就,靠的是一代代中国人的不懈奋斗,而青年是其中的中坚力量。因此,广大青年要时刻牢记自己肩负的历史使命,自觉担负起实现中华民族伟大复兴中国梦的时代责任,为党和国家的事业奉献自己的才华、智慧和忠诚;时代新人应当具有过硬的知识本领。中国梦很大,它代表了中华民族的梦想,中国梦也很小,它由每个人的个人梦想组成。实现中国梦需要每一个中国人付出一份努力。因此,广大青年要勤奋好学,积极向上,不懂就问,不断学习科学文化知识,在实践中锻炼自己的能力,掌握真才实学,能够为实现中国梦添砖加瓦;时代新人应当具有坚持不懈的奋斗精神。实现中国梦,会遇见大大小小的困难和难题,需要不断去解决问题,突破难关。因此,广大青年要不怕困难、不怕牺牲,要锲而不舍、攻坚克难,要有不达目的誓不罢休的决心和勇气。

三、立德树人的逻辑层次

从"立德"本身的词义来看，是"树立德业"的意思，其中强调了"立"。"立"又是指"行动""实践"，不能够只停留在"说"的层面。同时，在行动之后应该对国家、对他人产生积极的影响。传统儒家文化非常重视"立德"，通过"立德"以求"不朽"。所谓"立德"意味着一个人要顶天立地，要有尊严、有成就。如今，如果只讲"立德"，那么塑造的是品德高尚的人，这是不全面的，满足不了社会发展对人才的能力要求。所以，在"立德"的同时还需要"树人"，树立德才兼备、全面发展的人。这就好比一棵小树苗如果能够长成一棵参天大树，不仅离不开发达的根系、强壮的主干，还需要有丰富的树杈和充足的树叶。因此，我们的教育要想培育出社会真正需要的合格的人才，那就必然要"立"其德，使其根正；"树"其人，使其拥有丰富的知识体系和扎实的专业技能。"立德"强调的是人之所以为人的根本，"树人"突出的是人才培养目标的全面性，培养符合现代社会发展需求的人才，必须将"立德"和"树人"两者结合起来，形成"树人为本，立德为先"的人才培养目标体系。树人是教育的"根"，立德是教育的"魂"，立德是树人的前提和基础，树人是立德的目标和归宿。总的来说，立德树人的目标是要培养出德才兼备、协调发展的人才，但这并不是说要全面兼顾，而是有层次、有区别、有侧重。

纵观立德树人视域下的人才培养目标体系，应该分为三个层次。第一层次是有德。习近平总书记在北京大学师生座谈会上的重要讲话中引用北宋史学家司马光关于"才者，德之资也；德者，才之帅也"的著名论断。对于青年学生而言，获取知识的渠道和途径很多，大多数青年并不缺乏必要的知识，但却有部分青年学生缺乏同情心、社会责任感以及担当意识。学校通过专业知识教育，可以让学生掌握丰富的知识技能，但这还远远达不到合格人才的标准。社会需要的是和谐发展的人才，这样的人首先必须要有对美好崇高的道德境界的追求。因此，"育人"应当是培养人才的第一要义，即立德为先。教育引导学生树立端正的世界观、人生观、价值观和养成崇高的道德品质。第二层次是精通某一专业领域的知识。既要重视对人的品德修养的培养，也不可忽视对其专业知识的教育。拥有扎实的专业知识和技能，是一个人能够为国家、为社会做贡献的基本条件。所以，要重视对学生专业知识的传授和技能的锻炼，教育引导学生成为"有用"之人。第三层次是拥有鲜明个性特点的专长。要根据学生个人的兴趣禀赋，培养学生个性化的特长,激发学生的创造力、创新力。虽然目前我国还难以做到个性化教育,但为学生的个性发展提供必要的指导、充足的校园资源以及宽松的发展环境却不难做到。综合来看,第一层次讲"育人",第二层次、第三层次讲"育才",立德树人是育人和育才的统一,这是我们党历来重视"德才兼备,以德为先"原则的生动体现。

第二节　新时代立德树人的根本遵循

一、立德树人为高职思政课提供了目标导向

一是政治引领。青少年时期是个人成长的关键时期,青少年形成怎样的理想信念,对个人的发展、社会的发展和国家的发展都至关重要。但是正确的理想信念并不是自然而然存在于脑海中的,需要一定的政治引导。习近平总书记指出:"政治引导是思政课的基本功能。"思政课要发挥好政治引导的功能,解决好学生的理想信念的问题。如果思政课仅仅停留在灌输知识、讲授概念的层面,而不能有效引导青少年的政治认同,就没有达到根本目的。发挥好思政课的政治引导功能,关键在教师。思政课教师是讲信仰的人,自己首先要有信仰,要政治过硬。思政课教师要做学习和运用马克思主义的表率,自觉用马克思主义中国化最新理论成果武装头脑,在教学实践中把坚守正确政治方向摆在首位,做新思想、新观点、新论断的积极传播者。

二是价值塑造。思政课是启蒙思想、塑造价值的主要渠道。能够引导青少年形成正确的价值观的思政课,才是有情怀、有温度的思政课,如果失去情怀和温度,思政课就只是冷冰冰的知识灌输。习近平总书记指出,"知识是载体,价值是目的,要寓价值观引导于知识传授之中。"坚持思政课的价值导向,是新时代办好思政课必须坚持的重要原则。从思政课教学实践来看,如果教师拥有深厚的家国情怀,心中有国家和人民,关注时政热点,那么这样的特质也一定会激发学生情感,引起广泛共鸣,让学生铭记于心。发挥好思政课的价值塑造功能,主要从以下两个方面出发:第一,要宣扬积极向上的价值观,反对消极落后的价值观,以身作则;第二,要善于讲故事、讲时政、讲党史、讲自身,寻找价值观

教育与知识传递的契合点,将价值观塑造和知识讲授有效融合,用温度和情感点亮课堂。

三是真理传播。重视思政课的政治性和价值性,并不代表忽视它的真理性和知识性。科学的知识是政治引领和价值塑造的支撑。面对理论问题、现实问题,青少年会有众多的思考,但同时又存在诸多困惑。思政课就是要从理论的角度来分析社会现实问题,解答学生心中的困惑。因此,教师要认识真理、把握真理、传播真理,以深厚的理论功底征服学生,吸引学生的目光。把握真理、运用真理、传播真理,对思政课教师的要求很高。习近平总书记强调,"思政课的政治性、思想性、学术性、专业性是紧密联系在一起的,其学术深度广度和学术含金量不亚于任何一门哲学社会科学。"发挥好思政课的真理传播作用,思政课教师的任务很重,既要踏踏实实搞研究、扎扎实实做学问,不断夯实马克思主义理论功底;又要广泛学习、涉猎其他各门学科的知识,丰富知识体系。

四是思维培育。习近平总书记指出,"无论怎么讲,最终都要落到引导学生树立正确的理想信念、学会正确的思维方法上来。"思政课应该讲清楚理论知识,更应该培育学生观察认识世界的正确立场观点和方法。一门成功的思政课,对学生的积极影响是非常深刻和长远的,它可以帮助学生掌握辩证思维、创新思维和历史思维等科学思维方法,并且促使他们运用这些思维方法去分析坚持和发展中国特色社会主义的系列问题,从而更加坚定"四个自信"。相反,如果一名教师把思政课变为枯燥乏味的说教课程,不仅达不到预期的教学效果,反而还可能对学生以后的学习、工作和生活产生深不可测的消极影响。

二、立德树人为高职思政课提供了价值遵循

马克思主义的最高价值理想是实现人的自由全面发展。马克思曾经用"人以一种全面的方式,也就是说,作为一个完整的人,占有自己的全面的本质"[①]来描述这个理想追求。何谓"自由全面"?马克思主义所谓的"自由",指的是人们在发展过程中,不受任何其他因素的干扰,特别是人为力量的干预。但是,要特别注意,"自由"并不是指毫无约束,"自由"的前提条件是遵从客观规律,遵守国家法律,恪守道德规范。显而易见,"自由"发展更强调发展的形式,是指人们可以根据自身特长爱好,选择发展方向,使自己的才华得到充分发挥和发展。所谓的"全面",包括了人的能力、个性、身心的全面发展,这

---

① 马克思恩格斯全集:第42卷[M].北京:人民出版社,1979:123.

里的"人"代表着人类整体。当然,马克思所追求的"全面"发展也并不意味着个人的每个方面都得到发展,社会中的每个人平均发展。"全面"建立在尊重个体意愿和身心发展规律的基础上。显然,"全面"发展更注重发展的内容,关注人处于社会关系中的完整性。

人的自由全面发展离不开教育,在遵循人的成长规律、教育发展规律的基础上实现大学生自由全面的发展,是高校人才培养的终极目标。落实立德树人根本任务,就是要培养德智体美劳全面发展的社会主义建设者和接班人。高校思政课能够引导大学生紧跟时代,树立崇高理想信念,增强个人责任感和奉献精神;帮助大学生提高马克思主义理论素养,增强思辨能力,能够理性分析社会现实问题;鼓励大学生努力实现人生价值,积极面对生活的磨难,磨砺心性,锤炼品德,增强自我约束能力。高校思政课是一种知识教育,更是一种价值观教育,通过思政课教育,大学生能够适应社会发展的需要,实现个人自由全面发展,成为社会主义的可靠建设者和接班人。

三、立德树人为高职思政课提供了方法论原则

一是坚持以人为本。思想政治教育的教育者和教育对象,出发点和落脚点都是人。人作为思想政治教育活动的中心和目的,决定了高校思政课要坚持育人为本的教育属性。这就要求高校思政课坚持将提升大学生能力为主的培养目标贯彻落实,训练科学思维方法和培养创新能力,帮助学生在大学学习阶段学好真本领,为实现中国梦添砖加瓦;同时要坚持"德育为先"的教育理念,关注学生的精神需求,紧紧围绕学生在思想领域的困惑问题,给予指导,加强"德育"教育,以正确的世界观、人生观和价值观感召学生。

二是科学性与思想性结合。思想政治教育的科学性是指它具有的客观真理性,包括指导思想、理论基础、教育内容,都要坚持客观真理性。这个客观真理特指马克思主义理论,就是要将马克思主义理论贯穿到思想政治教育及学科建设的各个环节。要求思想政治教育要把握时代特征,紧跟时代发展步伐,遵循客观规律,制定合理的教育目标和教育任务,选择科学的教育内容和教育方法,推进思想政治教育有效开展。思想政治教育的思想性是指思想政治教育既要传播科学理论知识,又要引领夯实价值取向,其中更为重要的是它改造主观世界、塑造灵魂、洗涤心灵的作用。一个人接受了思想政治教育,掌握了丰富的思想、政治、道德知识,但是却没有养成良好的思想品德,树立正确的世界观、人生观、价值观,展现出良好的精神风貌,那么严格说来,这只是应试教育,而不是思想政治

教育。坚持将科学性与思想性相结合,既要确保思想政治教育内容是客观的、真实的、先进的,又要把马克思主义的世界观和方法论贯穿思想政治教育全过程,引导树立正确的世界观和涵养高尚的道德品格。

三是理论联系实际。理论联系实际是马克思主义理论的鲜明特征。从我国古代的道德教育到中国共产党思想政治教育都充分体现了理论联系实际的原则。那么如何在新时代的思想政治教育中继续坚持和发扬理论联系实际这一原则。其一,要善于学习,要把马克思主义理论学懂弄通悟透,领悟马克思主义理论的精神实质,掌握马克思主义理论的精髓,再用马克思主义理论的方法和原则来分析和解决思想政治教育中出现的思想问题和现实问题;其二,要善于观察总结,要在日常教育教学实践中观察遇到的现实问题,总结解决问题的经验,再把这些经验加以研究提升,形成新的理论成果。从学习理论到理论指导实践、从实践经验上升为理论成果,这是一个完整的过程,体现了主观和客观的统一、理论和实践的统一、知和行的统一。理论需要在实践中得以运用,解决实际问题,才能够显现价值;实践需要科学理论的指导,才能够保证正确的前进方向。理论联系实际避免了教条主义和经验主义,使思想政治教育成为具有说服力、影响力、生命力的活动。

四是一元主导与包容多样结合。什么是思想政治教育的一元主导?思想政治教育的一元主导指绝对坚持马克思主义理论的指导思想地位,坚决抵制指导思想多元化。什么又是思想政治教育的包容多样?是指思想政治教育要善于接纳和吸收其他有益的思想文化成果,要把我国古代道德教育的优良传统、国外思想政治教育的宝贵经验,以及哲学、伦理学、心理学、社会学等学科领域的丰富知识理论运用到思想政治教育中。一元,强调马克思主义理论的绝对指导地位,在指导思想上坚决不搞多元化。包容多样关注教育对象、教育环境的变化,强调教育内容要丰富多彩,教育形式、教育方法要灵活多变。特别注意,"一元主导"不是否定思想文化的多样性,而是以马克思主义引领社会思想文化的健康发展,推动社会主义文化繁荣兴盛。思想政治教育的一元主导与包容多样性相结合原则既保证了思想政治教育的性质和方向,也使思想政治教育多姿多彩,富有生气和活力。

五是知行统一。"知"可组词为"知道""知识",指的是人掌握的知识和形成的思想观念;"行"可组词为"行动""行为",指的是人展现的行为习惯。知行统一体现为言行一致、表里如一。那么思想政治教育的知行统一就是指,通过思想政治教育提升了知识水平,建立了丰富的知识体系,同时又将学习到的理论知识转化为实际行动,在实践中展现出了良好的行为习惯。知行统一原则以马克思主义认识论为理论依据。马克思主义认识论指出,思想道德形成于社会实践中,但不会自发形成,需要外力的帮助,即通过学习、教育和实践能够在头脑里形成先进的理论体系。高校思想政治教育的直接目的就是要使大学生正确认识和积极接受思想政治的目的与要求,并将这种要求付诸实践,使认知和行为保持一致,避免言行不一。因此,思想政治教育既要重视理论的教育,又要加强实践的锻炼。

六是教育与自我教育相统一。何谓教育? 教育是指教育者依据相应的教育目标,通过开展有组织、有计划的教育活动,使受教育者获得相应的知识或技术,形成思想观念,成为对社会有用的人。何谓自我教育? 自我教育是指将自身作为受教育者,个人进行自我监督、自我认知和自我完善。思想政治教育要求教育和自我教育统一,实现两者融合,既体现了思想政治教育作为外在因素对个人发展的重要性,也强调了自我教育对促进个人成长的必要性。坚持教育和自我教育的统一,才能够保证教育的效果,达成教育的目标。从内外因辩证原理来看,思想政治教育是受教育者的外因,自我教育是其内因,思想政治教育应从内外因两方面,通过思想政治教育推动自我教育,自我教育助力思想政治教育,以内因带内因,外因助推内因,两者合力,方能达到教育的目的。

第三节　高职思政课与新时代立德树人

一、立德树人：高职思政课改革创新的落脚点

2016 年,习近平总书记在全国高校思想政治工作会议上高度概括了高校思想政治工作的重要性,围绕立德树人根本任务,进一步明确了高校改进和加强思想政治工作的方向、理念和途径等问题。

其一,围绕立德树人,高校思想政治教育要坚持"四个服务"的方向。"四个服务"分别是为人民服务、为中国共产党治国理政服务、为巩固和发展中国特色社会主义制度服务、为改革开放和社会主义现代化建设服务。这一思想与我国发展的历史逻辑、现实国

情、时代要求深度契合,与我国高校发展的现实情况和发展前景深度契合,准确定位了高校立德树人中"德"的实践标准,明确了思想政治教育的核心内容。

其二,围绕立德树人,高校思想政治教育要坚持"以学生为中心"的理念。习近平总书记明确指出,"思想政治工作从根本上说是做人的工作,必须围绕学生、关照学生、服务学生,不断提高学生思想水平。"那么高校思想政治教育就是做青年大学生的工作,就是帮助青年大学生树立正确的价值取向,站稳政治立场,坚定理想信念。这个过程实际上是一个答疑解惑的过程,通过答疑解惑满足学生成长发展的需求和期待。因此,坚持"以学生为中心"的理念,要求在教育教学过程中,要尊重学生的差异性,遵循学生成长成才的规律,使学生的专业技能、品行修养、兴趣爱好都得到充分的发展,以满足社会的发展对人才的需求。

其三,围绕立德树人,高校思想政治教育要坚持"三因"工作方法。习近平总书记强调,"做好高校思想政治工作,要因事而化、因时而进、因势而新。"这充分展现了马克思主义与时俱进的理论品格和思想方法。在高校思想政治教育中坚持"三因"理念,要做好以下几个方面的工作。第一,要通过和学生沟通、交流、合作的方式,展开充分的调研,了解学生关注的问题,更好地回应学生在学习生活成长方面遇到的问题困惑,引导学生成为坚守初心使命、坚定理想信念、坚持努力奋斗的青年。第二,要关注国内外时事热点。任何一代人都成长于一定的时代背景之下,打上了时代烙印,肩负时代重任。讲好思政课必定要求教师积极研究新情况,倾听时代的声音,紧跟时代发展,让思想政治教育更富有时代性和感召力。第三,不断创新思想政治工作的方式方法,充分利用新媒体平台。当今"00后"已经成为大学校园的主力军,他们成长于网络信息时代,倾向于通过网络获取知识信息。因此,我们要将新媒体技术充分应用到思想政治教育工作中去,拓宽思想政治工作的渠道,推动思想政治工作创新发展。

二、提质增效：高职思政课改革创新的着力点

（一）客体维度：探索教材体系向教学体系转化

思想政治理论课集中体现了党和国家的意志,无论是该课程还是教材都应该保持政治性、严肃性。但就其教材而言,需要面向广大的学子,所以其可读性、易读性是必须要

考虑的问题。当下,部分学生仍然在思政课堂当"低头族",寻找其原因,教材本身的特点也是其中很重要的一个因素。例如"毛泽东思想和中国特色社会主义理论体系概论"课程的教材,该门课程内容每年都在更新,是与时事联系最紧密的课程之一,但从这门课程的教材来看,还与学生存在一定的距离。具体来说,一方面,内容更新不及时。当前,"毛泽东思想和中国特色社会主义理论体系概论"教材大约是每三年更新一次,因为方方面面的原因,教材不可能每一年都变化,把最新的理论成果融入进去,所以会出现有的新的理论没有及时出现在教材的问题。另一方面,存在学生难以理解教材内容的问题。当前大学校园的"主力军"已经是"00 后",但"毛泽东思想和中国特色社会主义理论体系概论"教材中的部分理论产生的时代背景与"00 后"生活的时代背景截然不同,所以学生很容易脱离具体的历史条件去理解理论问题,从而产生片面甚至错误的认知。因此,必须要做好教材体系向教学体系的转化工作,将生涩的、有距离感的教材转化为既有温度又实用的知识。第一,要创设情境,可以在具体的历史情境中讲具体的历史问题,讲清楚理论产生的时代背景、历史方位;第二,抓住学生的特征,从学生关心的问题着手,运用教材的理论来分析现实问题,让学生明白课堂的知识与个人的发展密切相关的道理。

(二)主体维度:培养高素质专业化教师队伍

教师是教学活动的组织者、主导者。拥有一支高素质、高水平的思政课教师队伍是办好思政课的关键一招。习近平总书记相当重视思政课教师队伍建设,对广大思政课教师寄予厚望,多次强调要发挥好思政课教师队伍在铸魂育人、立德树人方面的重大作用,期望思政课教师能够把真善美的种子埋进学生的心里,辛勤浇灌,帮助学生健康成长,成为国之栋梁。因此,他也对思政课教师提出了更高的要求、更严格的标准。例如,"四有"好老师、"六个要"标准等等。目前,总体来看,思政课教师队伍质量显著提升,规模明显扩大。但是依然还存在一些不足之处,例如虽然思政课教师队伍的规模明显扩大,但是部分学校思政课教师依然短缺,尤其是缺乏高学历的教师;虽然加大了对思政课教师队伍的培训力度,但是部分教师的理论水平还有待继续提升;虽然在不断完善思政课教师的评价考核机制,但是依然存在教师的积极性、主动性不高的情况。所以,要按照习近平总书记对思政课教师提出的要求为标准,继续推进高校思政课教师队伍建设。具体来说,主要要做好以下几个方面的工作。其一,配齐专职思政课教师,严格按照教育管理部门的要求,制定符合本校要求的思政课教师队伍建设方案。要通过人才引进、校内转岗等途径扩充教师队伍,同时为思政课教师的发展提供保障,在编制计划、职称评审等方面可以适当向思政课教师队伍倾斜。完成 1:350 的师生配比目标,壮大教师队伍。其二,要加强对思政课教师队伍的培训,提升理论水平,增强业务能力。给每一位教师提供参加各级各类培训的机会,使教师不断学习新理论、新知识,能够更好地指导学生的发展。同时要鼓励教师积极提升学历,对于在职读研读博的教师要加大支持力度。其三,要健全思政课教师的考核评价制度,建立起科学规范的考核机制、评价机制等,形成良好的竞争氛围,激发人才活力,促进队伍高质量发展。

(三)载体维度：创新教学方式和方法

随着社会的深刻变革和互联网技术的广泛应用,尤其是新媒体技术的快速发展,思想政治理论课的教学环境逐渐复杂、教学方式更加多样以及教学范围越来越广。如何应对信息技术发展给思想政治教育带来的挑战,习近平总书记回答了这个问题,他强调:"要运用新媒体新技术使工作活起来,推动思想政治工作传统优势同信息技术高度融合,增强时代感和吸引力。"在新形势下,要充分利用信息技术手段,采用受众喜闻乐见、易于接受的教学方式,不断增强思想政治理论课的亲和力。因此,一是要将传统教学方式与现代技术手段有效结合。我们党在推进思想政治理论课的建设和发展方面,已经积累了一些宝贵的经验,对于传统优秀的教学方法和教学策略应该继续坚持,但同时也要结合当前新媒体技术,拓宽教学平台,创新教学模式,例如建立线上学习平台,将线下教育和线上教育连接起来,强化学习效果;利用网络平台进行课堂随机测验和问题反馈,强化教师对课堂教学的把控等。二是要坚持灌输教育与启发教育相结合。既要重视课堂教学的显性教育,也要重视课堂以外的隐性教育,例如通过校园"两微一端"发布微课视频、开展文化活动、分析时事问题等。三是辅导员、思政课教师在日常生活中要通过 QQ、微信等通信工具经常与学生互动交流,搞清楚学生在想什么,需要什么,解决学生生活中遇到的难题,让师生间的关系更加亲密,能够更好地开展教学工作,教学效果更显著。

第四章　高职思政课的建设要求

第一节　新时代思政课的建设标准

一、重要方向：不断增强思政课的思想性、理论性和亲和力、针对性

党的十八大以来，习近平总书记多次谈到推进思政课改革创新的问题。例如，2019年他在学校思想政治理论课教师座谈会上谈道，"推动思想政治理论课改革创新，要不断增强思政课的思想性、理论性和亲和力、针对性。"在这之前，在2016年召开的全国高校思想政治工作会议上，他也强调要提升思政课亲和力和针对性，以推进思政课的改革和发展。足以见得，党和国家高度重视思政课建设，提升思政课的思想性、理论性和亲和力、针对性，让学生越来越喜爱思政课。这就回答了新时代如何继续推进思政课改革创新的问题，成为新时代深化学校思政课改革创新的重点内容和根本遵循。

（一）增强思政课的思想性，让思政课有"高度"

"增强思政课的思想性"是思政课建设中非常重要的一环，被经常性谈论。那么该如何来理解"思想性"和"思政课的思想性"？与思想性相关的概念有两个：一个是政治性，一个是理论性。在研究的过程中，通常容易将思想性和政治性、理论性混淆。这是在思

政课建设中经常涉及的几个概念,关系到思政课的本质问题。研究思想性的内涵,非常有必要厘清这三者之间的关系。

掌握思想性,首先必须要弄明白"思想"的内涵。"思想"一词经常出现在日常学习和生活中,却难以完整解释它的含义,对它既熟悉又陌生。这是因为对思想的认识具有多重视角。尽管如此,依然达成了共识:思想是一种能够反映事物的本质,体现一定的价值立场,并且作用于实践的理性认识。思想主体的要求通过理性认识判断展现出来。思想的根本特质是立场自觉,只有坚定立场的思想才是具有系统性的思想,否则就是碎片化的信息。所以,思想具有鲜明的价值导向的特质。由此来理解思政课的思想性,就可以看出其具有揭示事物本质和反映价值立场两种相互联系的任务。揭示事物本质是基于事实的判断,涉及的是规律性、知识性的问题,即理论认识;反映价值立场是基于立场的判断,涉及的是政治性、意识形态性的问题。因此,思政课的思想性既指对客观事物及其规律的正确认识,也代表了鲜明的政治立场。

既然思想性中包括了理论性的要求,习近平总书记讲要增强思政课的思想性、理论性,将思想性和理论性并列放在一起,是否重复?答案是否定的。思想性和理论性不能简单等同起来,将二者并列,并将"思想性"放在前面,意义深远。习近平总书记谈道,思政课要解决好"培养什么人、怎样培养人、为谁培养人"的问题。思政课的思想性并不是一般意义上的知识性、学理性,它明确回答了我们的思政课教育是为党育人、为国育才的意识形态教育,表明了思政课是有立场、有原则、有党性的课程。具体来说,思政课的内容涉及多个学科,例如伦理学、哲学、心理学、教育学、法学等,非常丰富广泛。在思政课中对众多学科知识的探讨和讲授,不仅仅是让学生掌握科学理论知识,更重要的是为学生理解"中国共产党为什么能、马克思主义为什么行、中国特色社会主义为什么好"奠定理论基础,教育引导学生坚定"四个自信",并激励学生将这种自信转化为实现中国梦的行动力量,这是思政课的本质。所以,将"理论性"和"思想性"相比较,增强思政课的思想性,就是要求思政课始终保持意识形态属性,坚定政治立场。

(二)增强思政课的理论性,让思政课有"深度"

思政课的思想性体现的是思政课的"高度",决定了思政课的方向。思政课的理论性体现的是思政课的"深度",是"高度"建立的根基。如果失去了理论性,思政课的"高度"也失去了根基,思政课就变成了简单空洞的说教。

思政课的思想性和理论性是两个不同的侧重点。思想性表明的是思政课的价值立场，而理论性则说明了思政课的内容是揭示客观规律的科学的知识。诚然，思政课具有鲜明的价值观导向，但是政治属性并不是唯一的属性，只看到思政课的政治属性，忽视科学性或者将政治性和科学性对立起来都是错误的。受一些历史教训的影响，人们往往将意识形态性和科学性对立起来，认为如果要坚持意识形态性就必然要牺牲科学性，如果要坚持科学性就必须远离意识形态性，这样的观点当然不全面。从历史发展的进程来看，思想政治教育并不是起源于社会主义国家，更不是中国特有的实践活动。任何一个国家任何一个社会形态都有"思想政治教育"。在阶级社会，思想政治教育完全是为统治阶级的利益服务的，基于这一点，马克思一针见血指出了意识形态的虚幻性特质。但意识形态不仅具有虚幻性，更重要的是它也具有科学性。既然如此，那如何来判断意识形态是否科学？就在于看它所维护的利益、制度是否遵循了历史发展的规律、是否符合最广大人民的根本利益。从这个意义上来理解我们社会主义国家的思想政治教育。我们的思政课将教学内容的科学性与意识形态性统一于一体。思政课教育不是简单空洞的意识形态说教，而是将它的价值立场建立在科学揭示人类社会发展的客观规律基础之上，目的是以科学的理论掌握群众，让群众掌握科学的理论。所以，增强思政课的理论性主要是针对目前思政课中，尤其是高校思政课中存在的简单分析问题、少讲甚至不讲理论等现象提出来的。期望通过加强对理论的研究，讲清讲深讲透思政课中的重大理论和实践问题，以理论的魅力赢得学生的青睐。当然，这也并不意味着去政治化，纯粹在思政课课堂传播理论知识，而是以思政课的理论性去支撑它的政治性。

(三)增强思政课的亲和力，让思政课有"温度"

"亲和力"不是首先出现在思政课中的概念。它最初是应用于化学领域的概念，后来逐渐被用到心理学、教育学、生物学中，并展开了大量的研究，之后才被引入思政领域。新时代，习近平总书记多次谈到了"亲和力"一词，如何提升"亲和力"，再次成为学术界讨论的热点话题。

"亲和"的反义词是"疏离"，而"力"可组词为"力量""力气"，"亲和力"可以简单解释为一种吸引人的力量。增强思政课的亲和力，旨在促进学生接受思政课的内容，使思政课越来越有吸引力。

其一，亲和力意味着"走进"学生。提升思政课的亲和力的第一个难题就是要改变学生对思政课的偏见,放下戒备心,因为学生对思政课的偏见不仅产生于教学过程中,而且在教学过程前就已经存在。长期以来,因为各种各样的原因,思政课给学生留下了"水课""说教"的刻板印象。这样的刻板印象,使得在课程开始之前,学生和思政课之间就增加了一道天然的屏障,阻碍了学生积极主动学习思政课的内容。诸多的教师感受到,无论自己讲得多么精彩,学生也没有学习的兴趣。所以,谈到增强思政课的"亲和力"首先应该解决学生对思政课的偏见问题,让学生能够客观认识思政课。其二,亲和力意味着"走近"学生。简而言之,就是要把思政课变得有温度,能够触动学生的心灵,让学生积极主动学习接受思政课的内容。因此,通过恰当的方式将有高度、有温度的内容传播给学生,是增强思政课亲和力需要关注的关键性问题。但需要特别注意的是,不能将"亲和"和"迎合"等同起来。"迎合"意味着关注点仅仅是学生的需求,而放弃思政课本身具有的价值引领作用。思政课是塑造品德,培育学生价值观,帮助学生健康成长的关键性课程。正确的价值观、良好的品德修养不会自发形成。青年大学生正处于成长的关键时期,他们自认为已经完全认识了客观世界,但其实是不成熟、不全面的。尤其是当今的大学生,他们在互联网迅速发展的环境下成长起来,可以接受各种各样的信息,特别容易受一些不良思想的影响。如果为了"迎合"学生,在课堂上谈野史、聊八卦、灌鸡汤,可能会赢得学生一时的喜欢,但很快就会忘记,没有发挥应有的作用,完全背离了思政课本身的定位。因此,增强思政课的亲和力不代表"迎合"学生,而是要通过"有温度"的形式,让学生接受严肃的课程内容,进而实现思政课价值引领的作用和功能。

(四)增强思政课的针对性,让思政课有"效度"

思想性和理论性是紧密联系的一对范畴,亲和力和针对性是另一对密切联系的概念。因为只有使教学内容、教学方法与教学对象精准对接,才能够增强思政课的亲和力。如何实现教学内容、教学方法与教学对象的精准对接?就是增强思政课的针对性。针对性意味着充分了解教学对象对教学内容、教学方式的要求。亲和力意味着在充分了解需求的基础上,完善供给侧,以更有效地满足教学对象的需求。

那么针对性不强主要表现在哪些方面?从教学层面来看,主要表现在教师的"教"和学生的"学"不能够有效对接的矛盾上。实际上,这是在所有的课程中普遍存在的问题,但因为思政课的特殊性,所以表现特别突出。具体来说存在两个方面的问题:一方面,没有处理好教学内容和学习需求之间的矛盾。教师对学生的个性特征、成长背景、学科基础的把握程度还不够深,往往更倾向于在自己熟悉的领域挖掘讲课内容,有时甚至还会逃避不擅长的内容,导致学生的期待和需求不能完全得到满足。另一方面,没有处理好教学方式和学习方式之间的矛盾。如今"00后"已经全面进入了大学校园,成为大学校园中占比最高的群体,见识广泛、思维活跃、积极创新是他们的突出特征。所以,如果不充分把握当代大学生的成长背景,有效运用新媒体、新技术,创新教学方式方法,而固守传统的方法,一定会影响教学的效果。因此,增强思政课的针对性,意味着既要把握大学生的特征,有针对性地选择教学内容和教学方法,解决大学生的疑惑,提高大学生的获得感;也要关心国内外时事政治,针对社会热点和时事新闻展开探讨,进行回应,增强教学的实效性。

二、重点领域: 完善思政课课程体系教材

教学内容必须遵循教材。课程教材既关系到教学的效果,更关系到人才培养的质量。在高校教材体系中,"思政课教材体系"最为特殊,这种特殊性就表现在它的统一性。众所周知,当前大学阶段的思政课程包括五门必修课,而这五门必修课程使用的教材是由国家统一编写的,这五本教材应用于全国各所高校,并且被列入了马克思主义理论研究和建设工程重点教材。正是因为思政课教材体系的特殊性,所以一直以来思政课教材体系建设都是关注的焦点。从思想政治教育学科设立以来,其课程教材经过了多次的修订和更新。为了使教材能够体现最新的理论成果,跟上时代的发展步伐,党和国家花费了大量的心血,几乎每年都要组织专家学者开展这几本教材的增减和完善工作。但就目前而言,高校思政课教材体系建设面临的挑战还较多。例如与高中教材内容重复、教材话语创新度不够等等。以"毛泽东思想和中国特色社会主义理论体系概论"课程的教材为例,本门课程是包括本专科在内的所有大学生都需学习的课程,也是传播马克思主义中国化的最新理论成果的关键性课程,非常重要。但就"毛泽东思想和中国特色社会主义理论体系概论"课程教材而言,存在和高中政治教材重复、本专科教材统一等问题。这一本教材前四章的内容着重反映了中华民族如何"站起来"的理论成果,五至七章的内容着重反映了中华民族如何"富起来"的理论成果,这些内容与高中政治课的内容存在大量的重复,所以在教学过程中明显发现学生的学习兴趣较弱,积极性不高。而且对于专科学生而言,学习时间紧迫,只有一学期的学习时间,而教材内容非常丰富,在教学实践中

往往新时代的新思想内容还没有涉及很多,就面临着期末考试。所以,要解决这些问题必须要完善课程教材体系,推动思政课教材体系立体化建设。从内容来看,要严格统一使用统编教材,根据教材内容,编制系列教学案例等辅助资料,辅助讲好用好教材。从表现形式来看,要打破纸质教材的局限性,探讨纸质教材和信息技术的有效结合,建设智慧课程教材体系,扩大思政课教材的信息容量,丰富思政课教材的表现形式。

三、关键支撑:建设符合"六个要"标准的思政课教师队伍

进入新时代,为增强思政课教学效果,提升学生在思政课中的获得感,习近平总书记对思政课教师提出了更高要求和更多期待。要求思政课教师做到"六个要",分别是政治要强,情怀要深,思维要新,视野要广,自律要严,人格要正。"六个要"标准为新时代加强思政课教师队伍建设指明了方向。

(1)政治要强。将政治要强置于"六个要"标准的首位与将提升思政课的思想性置于首位具有同样的作用。它们都突出了思政课的政治属性,前者从思政课教师的角度来谈,后者直接立足于思政课内容本身。思政课承担着传播马克思主义理论,帮助学生树立崇高理想信念的重任。在思政课的教学内容、教学目标中都体现了鲜明的政治立场,思政课是解决学生理想信念问题的关键性课程。既然如此,那要如何充分发挥思政课的作用? 其中思政课教师的作用不可替代。习近平总书记谈道,"要让有信仰的人讲信仰。"这就是说只有教师坚定政治立场,树立崇高的信仰,高度认同讲课的内容,才能够在讲课的过程中做到有底气、有硬气、有正气。

(2)情怀要深。情怀指思政课教师在教育过程中展现的积极的态度、饱满的感情、宽广的胸怀,表现出对家国天下大事的深深关切。深厚的情怀给予思政课教师履行责任、担当使命的强大动力,教师的深厚情怀又给予学生深远的影响。例如,教师在讲到张桂梅校长的事迹时,只要表现出了发自肺腑的敬佩与赞扬之情,一定会给学生留下深刻印象。那么思政课教师应该如何涵养深厚情怀? 其一,应该不管身处顺境逆境,都始终关心时代的发展、社会的进步、个人的奉献,心里装着国家、装着人民,不贪图享乐,不轻言放弃;其二,应该正确认识和处理公与私、国与家、大与小的关系,敢于放弃自我利益,维护国家的利益、民族的利益。其三,要不断学习、开拓进取,以深厚的感情、丰富的知识感染学生、培育学生,力求上好每一堂课,批好每一份作业,设计好每个问题。

（3）思维要新。讲好思政课需要思政课教师具有创造性思维。从教学内容层面看，随着中国特色社会主义事业的发展，新思想、新理论、新论断在不断产生，如果思政课教师不重视对新内容的学习研究，不夯实理论根基、增强工作本领，那么思政课的教学效果会大打折扣。从教学对象层面看，思政课教师面对的学生总是十八九岁的思维活跃的青年，而教师的年龄在逐年增长，教师与学生在生活背景、知识结构、行为习惯等方面的差异性越来越明显。如果教师不研究教学对象、分析学情，那么一定会影响学生的学习效果。从教学方式层面看，当今时代，互联网技术发展很快，学生更习惯利用"两微一端"等新媒体获取知识信息。如果教师不开动脑筋运用互联网技术，创新教学方式方法，主动占领网络教育阵地，而是将其视为"洪水猛兽"，那么思政课与学生的距离只会越来越远。因此，思政课教师必须坚持辩证唯物主义和历史唯物主义的方法论原则，创新思维方法，以提升思政课质量。

（4）视野要广。思政课教师在学生的成长路上扮演了重要的角色。具有广阔视野的教师，更容易帮助学生成长为拥有广阔视野的人。思政课教师的广阔视野体现在扎实的专业基础知识、丰富的知识储备、深厚的理论功底，能够从历史的角度、实践的角度、理论的角度分析时代问题，回答学生的疑惑。其一，要有知识视野。要加强理论学习，夯实理论功底，学习研究学科知识，除了对马克思主义理论、中国共产党的创新理论等属于本学科领域内的知识信手拈来外，还要深入学习研究伦理学、社会学、哲学、教育学等学科理论知识，构建丰富知识体系，在教学中既要传播知识，更要培养思维方式。其二，要有国际视野。要关注国内外时事，在课堂主动分析国际国内的大事，积极运用各种案例、素材、事件，在对比中引导学生辩证认识当代中国和外部世界，引导学生坚定"四个自信"。其三，要有历史视野。历史是前人留下的宝贵实践经验和精神财富，在实践中遇到的难题，总是可以从历史中寻找答案。思政课教师既要完整把握中华文明史、社会主义发展史、中国共产党奋斗史、中华人民共和国发展史，也要善于利用历史分析法，在教学中做到史论结合，深入浅出，有理有据。

（5）自律要严。自律和他律是约束人类行为的两种路径。自律指自我约束和管理，他律意味着外力对主体的约束。自律是内因，他律是外因，他律通过自律发挥作用。自律慎独是对个人修养最高的要求。"言行润物、举止育人"，教师的言谈举止都将潜移默化地影响着学生，并且这种影响是巨大的、长远的。学生几乎会对老师传递的观点深信不疑。思政课具有鲜明的政治性，承担着培养社会主义接班人的重任，对思政课教师提出了更高的纪律要求。思政课教师既要严格遵守教学纪律和教学要求,更要严格遵守政治纪律和政治要求。无论在课上还是课下,在网上还是网下,都要言行统一。不能在课上讲一套,在课下做一套,不能在现实生活中表现良好积极,却在网络领域发表违背事实的荒谬言论。在课上课下、网上网下都要自觉弘扬主旋律,积极传递正能量。

(6)人格要正。亲其师,信其道。一个光明磊落、大公无私的教师更容易受到学生的尊重和欢迎。马克思曾说过:"如果你想感化别人,那你就必须是一个实际上能够鼓舞和推动别人前进的人。"思想政治教育既要依靠真理的力量征服学生,也要依靠教师的人格魅力影响学生。思政课教师要有堂堂正正的人格,无论何时都要保持一身正气,以坚定的信仰、高尚的品格感染学生。要在工作和日常生活中表现出阳光、平和、包容、信任、真诚、正直、质朴等积极的人格特质,摒弃和克服消极、悲观、暴躁、虚伪等不良人格特质,以积极的人格特质吸引学生,引导学生成为一个正能量的人。思政课教师还要做到在课上课下表里如一、言行一致,公平公正对待每一位学生,不偏不倚,真正做一个让学生尊敬、爱戴、信任的好老师。

四、根本保证:全面加强党对思政课建设的领导

在学校思想政治理论课教师座谈会上,习近平总书记强调了加强党对思想政治理论课建设的领导的目标要求和重要意义。《关于深化新时代学校思想政治理论课改革创新的若干意见》(以下简称《意见》)指出坚持党对思政课建设的全面领导是深化新时代学校思想政治理论课改革创新的基本原则之一。加强党对思政课建设的领导,主要从政治领导、思想领导、组织领导几个方面着手。

(一)加强政治领导,保证思政课正确政治方向

加强党对思政课建设的政治领导,是中国共产党开展思想政治教育工作和推进思政课建设得出的宝贵历史经验,是坚持思政课是社会主义方向的重要阵地的根本保证。新时代,加强党对思政课建设的政治领导,要做好以下工作:首先,要以坚定的政治立场和政治追求引领思政课建设。高校思政课具有鲜明的政治性、思想性,必须理直气壮"讲政治",全面贯彻落实党的教育方针政策、加强和改进思政课建设的决策部署,确保思政课的创新发展方向和中国特色社会主义事业的前进方向保持一致,确保思政课能为中国特

色社会主义事业育人育才。其次,确立严格的政治标准,培养具有坚定政治理想的社会主义开拓者、奋进者、奉献者。要把培养学生的爱国主义精神作为思政课的核心任务,要发挥高校思政课塑造青年价值观的主阵地作用。最后,要确立高校思政课在整个课程体系中的核心地位,各门课程建设要以思政课的政治观点和价值立场为根本遵循,推动课程思政和思政课程同向同行。

(二)加强思想领导,筑牢思政课"关键课程"地位

教育是国之大计、党之大计,其根本任务是立德树人。思政课是落实立德树人根本任务的关键性课程,思政课作用不可替代。一直以来,中国共产党就相当重视思政课建设,并取得了显著成绩。进入新时代,思想碰撞、文化融合、观念冲突愈发明显,特别是互联网带来过多的干扰信息,使得思政课必须要面对一些新的挑战,诸如教材内容抽象枯燥、课堂"抬头率"不高、课程建设不积极等。因此,加强思想领导,使思政课是铸魂育人"关键性"课程的观念深入人心。要让所有的人都深刻认识到思政课的政治意义。如果要解决好"培养什么人、为谁培养人、怎样培养人"的教育根本问题,就必须要办好思政课。要认识到思政课不仅具有传播先进思想理论的作用,更为重要的是具有塑造灵魂的功能。它帮助青年学生树立崇高理想,铸就高尚品德。除此之外,还要认识到思政课兼具思想性和理论性的鲜明特征,事关国家富强、民族振兴、社会进步。只有办好思政课,才能培养出合格的社会主义建设者和接班人。

(三)加强组织领导,把好合力育人方向

组织领导是落实党对思政课建设的领导的重要抓手。《意见》中对各级党组织、党内干部落实好党对思政课建设的领导工作作了明确安排。高校党委贯彻落实《意见》精神,需要注重做好以下工作。一是要把思政课建设作为学校党建和意识形态工作的标志性工程摆上重要议程,每年都要召开关于思政课建设的专题研讨会,并邀请思政课教师代表、辅导员代表参与讨论,广泛听取各方意见,针对本校思政课建设的突出问题,提出解决措施,在政策制定、人员配备、资源投入等方面给予充足保障。二是要建立校领导讲课听课制度,党委书记、校长等领导要带头联系思政课教师,深入基层联系学生,了解学生思想动态,要通过专题讲座、会议精神宣讲、思政课堂、实践活动等多种形式多种途径为学生讲思政课,要在开学典礼、毕业典礼等讲话中鲜明体现党的教育方针,积极传播马克

思主义理论,弘扬社会主义核心价值观。三是要推动构建"大思政"育人新格局,要在校园文化建设工作、课程思政课建设工作、学生党建工作等领域发力,让学校的每一堂课、每一个活动、每一个场所、每一个教师都展现出育人的效果,实现"三全育人"。

第二节　新时代高职思政课建设的特殊要求

一、围绕一个目标：培养德智体美劳全面发展的社会主义建设者和接班人

培养什么人,是一个国家的教育必须要解决的首要问题。在全国教育大会上,习近平总书记立足于党和国家事业发展全局的高度指出,培养德智体美劳全面发展的社会主义建设者和接班人是我国教育工作的根本任务。在学校思政课教师座谈会上,习近平总书记强调在大中小学开设思政课意义重大,它为培养一代又一代社会主义建设者和接班人提供了重要保障。

既然如此,该如何理解德智体美劳全面发展的社会主义建设者和接班人教育目标的深刻内涵。它包含了两层含义。一是"社会主义建设者和接班人"。每一个国家的教育都服务于本国的发展。我国的国家性质,决定了我国教育必定要以培养拥护中国共产党的领导、爱社会主义制度的建设者和接班人为目标任务。这是我国教育所要培养人才的政治属性和根本价值取向,是中国共产党坚持"德才兼备,以德为先"人才观的生动体现。二是"德智体美劳全面发展",表明了对人才的素质层面的具体要求。两者密不可分,统一于一体。前者体现了人才的政治属性,后者体现了人才的能力素质。

2018年9月,习近平总书记在全国教育大会上强调,"要在学生中弘扬劳动精神,教育引导学生崇尚劳动、尊重劳动,懂得劳动最光荣、劳动最崇高、劳动最伟大、劳动最美丽的道理,长大后能够辛勤劳动、诚实劳动、创造性劳动。"这次会议明确将劳动教育纳入培育时代新人的总体要求中,体现了新时代党对教育事业发展的新要求。新时代赋予劳动教育新的内涵,新时代劳动教育是以习近平新时代中国特色社会主义思想为指导思想,以塑造劳动观念、提升劳动技能、端正劳动态度和培养劳动习惯为主要内容,通过与德

育、智育、体育、美育的有效结合,促进受教育者的全面发展的教育活动。新时代高校劳动教育具有重要的意义。

(1)从学校之维,是培养时代新人的题中之义。马克思主义劳动观认为,劳动创造世界、创造历史、创造人类,劳动是人类的本质特征和存在方式,是实现人的全面发展的重要手段。在继承发扬马克思主义劳动观的基础上,习近平总书记指出,"人民创造历史、劳动开创未来,劳动是推动人类社会进步的根本力量。"①实践也充分证明了,我们中华民族之所以能够创造悠久灿烂的历史文明,拥有今天的辉煌成就靠的是一代代中国人的辛勤劳动和不懈奋斗。站在新的历史起点,实现民族伟大复兴是全体中华儿女的共同愿望。实现这个伟大梦想,习近平总书记对青年人寄予厚望,期望一代代青年人能够努力奋斗让梦想变为现实。所以,深入贯彻落实习近平总书记关于劳动和劳动教育的重要讲话精神,加强高校劳动教育意义重大。它帮助青年大学生深刻理解劳动的本质、劳动的价值、劳动与社会发展的关系,进而自觉学习掌握过硬的劳动本领和娴熟的劳动技能,在劳动实践中锤炼坚韧不拔、勇于进取、甘于奉献、争做一流的劳动品质,树立尊重劳动、崇尚劳动的劳动价值观和热爱劳动、诚实劳动的劳动态度。这是新一代中国青年应该拥有的美好品质。

(2)从学生之维,是促进自身全面发展的重要环节。当前大学生获取知识的途径还是以在课堂学习理论知识为主,但仅仅掌握了书本的理论知识,难以成为真正具有理解和把握人类社会和自然规律的综合型人才。因为人、自然、社会存在许多的"秘密",需要通过丰富的实践活动,与他人、自然和社会产生深度的交集,探索其中的"奥妙"。劳动是大自然给予人类特有的"生命活动",在劳动中蕴含了丰富的知识信息。在劳动中,因为其中的某一个难题,向他人寻求帮助,通过相互合作,得到解决的方法,最后进行反思回顾,及时总结经验教训,这个过程既能够锻炼注意力、行动力和创造力,也能够增强大局观念、合作意识,还能够增强身体素质;劳动实践可以将学校和社会联系起来,增加学生与社会互动,形成对社会的认知;在劳动实践中,还能够感受到创造美的过程,形成对美的感性认识,培养美感;劳动实践还赋予劳动者积极向上的人生态度、敢于拼搏的优秀品质,使个体的人格更加完善。总的来说,劳动能够树德、能够增智、能够强体、能够育美。因此,高校劳动教育对于促进大学生的全面发展具有不可替代的作用。

① 习近平. 习近平谈治国理政:第 1 卷[M]. 北京:外文出版社,2018:86.

除劳动教育外,在"德育""智育""体育""美育"方面,习近平总书记也提出过诸多论述,赋予新时代内涵。关于德育,内涵丰富,包括理想信念教育、爱国主义教育、品德修养塑造、社会主义核心价值观培育等内容。要求同学们树立为中国特色社会主义事业不懈奋斗的理想信念,勇于承担历史重任,要热爱祖国,坚定"四个自信",要继承弘扬中华民族传统美德,修德立身,按照社会主义核心价值观的标准,严格要求自己,踏踏实实做人,扎扎实实干事,把社会主义核心价值观落到实处。关于智育,习近平总书记对广大青年学子寄予深切期望。他告诫广大青年学子,要珍惜时间,努力学习、刻苦学习,要保持对学习的兴趣、对知识的渴望,既要掌握课堂知识,也要不断丰富课外知识,做到又博又专、愈博愈专;他还期望广大青年在学习中培养创造性思维、批判性思维,成为实现中国梦的高素质技术技能人才、能工巧匠、大国工匠。关于体育,习近平总书记相当重视青少年的健康问题,要求青少年要加强体育锻炼,家庭、学校、社会要为青少年强身健体创造良好环境。例如,学校要开足开够体育课,既可以锻炼身体,又可以磨炼意志、锻造心性,把学生培养成身体强、意志强的健康青年。关于美育,习近平总书记认为美可以丰富精神、纯洁道德,美可以使人生更有色彩和味道,美育可以帮助青少年身心健康成长,要求弘扬中华美育精神,全面加强和改进学校美育,坚持以美育人、以文化人,提高学生审美和人文素养。

二、贯穿一条主线:用习近平新时代中国特色社会主义思想铸魂育人

习近平总书记在学校思想政治理论课教师座谈会上明确指出,"用新时代中国特色社会主义思想铸魂育人。"

一是习近平新时代中国特色社会主义思想是思政课改革发展的根本指导思想。立足新时代的国情,习近平总书记围绕思政课改革发展问题展开了系列论述。这些论述既是新时代思政课改革发展的方法论原则,也是理论源泉。关于如何办好思政课,总书记在思政课的教学内容、教学主体、教学方法层面展开诸多论述。例如,他对思政课教师提出"六个要"标准,对思政课提出"八个相统一"标准,要求推进课程思政课建设,提升育人实效。近年来,在习近平新时代中国特色社会主义思想的指导下,特别是在习近平总书记关于思政课的重要讲话精神的指导下,思政课建设取得了卓越的成绩。实践证明,以习近平新时代中国特色社会主义思想指导思政课建设是有效的,未来要继续用习近平

新时代中国特色社会主义思想指导思政课建设,推动建设水平迈上新台阶。

二是习近平新时代中国特色社会主义思想是思政课教学内容的核心部分。做好习近平新时代中国特色社会主义思想的"三进"工作是当前重要的政治任务。比如,"马克思主义基本原理概论"课程,主要学习内容包括了马克思主义哲学、政治经济学、科学社会主义,是马克思主义经典作家的理论成果,它是当代中国的马克思主义的理论之源;"毛泽东思想和中国特色社会主义理论体系概论"课程,主要回答了中华民族如何实现从站起来、富起来到强起来的伟大飞跃,讲清楚了马克思主义中国化的历史进程,体现了马克思主义中国化的最新理论成果;"中国近现代史纲要"课程,帮助学生从历史的角度认识习近平新时代中国特色社会主义思想;"思想道德与法治"课程,体现了在新时代对青年学生的价值观、人生观、理想信念、法治素养、道德品质的标准和要求;"形势与政策"课程,主要向学生传播习近平总书记的最新讲话精神、最新论断、最新提法。所以,也可以说高校的几门思政课构成了逻辑严密的课程体系,无论从哪个角度切入,最终都聚焦到了完成习近平新时代中国特色社会主义思想的传播的主线教学任务上来。

三、聚焦一项要求:坚持与践行"八个相统一"

习近平总书记在学校思想政治理论课教师座谈会上强调,推动思政课改革创新,不断增强思政课的思想性、理论性和亲和力、针对性,要做到"八个相统一"。

(一)坚持政治性和学理性相统一

政治属性是思政课的第一属性,思政课具有政治引导功能。讲好思政课,特别要注意思政课的价值立场、政治立场问题。坚持好思政课的政治性与办好中国特色社会主义大学的根本目标具有一致性。突出思政课的政治引导作用,并不意味着要把思政课变为宣传政策理论的简单工具。仅仅宣传政策理论的思政课是枯燥、乏味、无趣的,影响思政课教学效果。思政课内容丰富、逻辑严密,处处散发着理论的光辉。面对学生的困惑,思政课教师要敢于"接招",要能分析清楚问题的理论逻辑、历史逻辑、实践逻辑,既要做到以理服人,又要将政治立场、价值立场蕴含其中,起到引领思想的作用。政治性和学理性的统一意味着二者不可偏废。无论何种情况,教师要牢记以思政课为媒介做好马克思主义理论、国家大政方针政策的传播工作,充分发挥思政课的政治引导功能,同时要用逻辑严密的理论分析现实问题,以理论感召学生。

(二)坚持价值性和知识性相统一

学生在思政课堂可以学到客观的、科学的真理性知识,也可以学到做人的原则、认识世界的方法论,体现了思政课是价值性和知识性相统一的课程。思政课的价值性指思政课具有的塑造价值观的功能;思政课的知识性指思政课具有传播科学知识的作用。青少年阶段是一个人一生中学习的最好时期,大部分的时间是在学校度过的,在学校学到知识,养成世界观、人生观、价值观。强调思政课的价值性,加强价值观的引导,学生会对知识产生浓厚的兴趣,从而学得更积极、更扎实,对知识理解更深刻,思政课教师在教学中要紧紧抓住思政课塑造学生的价值观这个关键点;强调思政课的知识性,以科学的知识满足学生对知识的渴望,使价值观更为生动饱满,增强价值观教育的效果,教师要加强理论学习,提高理论素养。思政课以科学真理为载体,实现了价值塑造的目的,离开了知识传授,价值观引导就无从谈起。例如,在讲精准扶贫典型案例的时候,不仅要讲清楚精准扶贫是什么、怎么做的问题,更要讲清楚它的重大意义,注重引导学生从世界的角度来看精准扶贫的重大意义,从而增强学生的民族自豪感、自信心。

(三)坚持建设性和批判性相统一

建设性和批判性是意思相反的一对概念。何谓思政课的建设性?指思政课在主流意识形态建设工作中的正向作用。何谓思政课的批判性?指思政课对意识形态领域的错误思潮和观点的批判。思政课就是要旗帜鲜明地传播马克思主义科学理论,要讲清楚马克思主义如何传入中国、中国如何选择了马克思主义、中国共产党人如何运用马克思主义理论指导中国革命、建设和改革事业并取得伟大成就等问题,巩固马克思主义在意识形态领域的指导地位。同时应该看到,虽然我国始终坚持马克思主义的指导地位,但历史虚无主义、"普世价值论"、新自由主义等错误思潮依然在意识形态领域产生了一些消极影响。马克思主义理论是具有彻底的批判性的科学理论,面对各种错误思潮和观点,要用马克思主义理论一一回击,从而进一步巩固马克思主义理论的指导地位。不可否认,当前我国社会发展中还存在一些问题,要理性剖析这些问题产生的原因、解决的办法,教育引导学生正确看待发展中的问题,做一个明辨是非的人。教师在教学实践中要注意,不要遇到社会矛盾、现实问题就害怕,逃避不讲,要抓住学生困惑的问题,深入研究解答,把事实和道理一条条讲清楚、讲透彻。

(四)坚持理论性和实践性相统一

讲清楚、讲透彻理论是思政课始终不变的追求。兼具理论特质和实践特质是思政课区别于其他课程的鲜明特色。思政课的授课内容是马克思主义经典作家的理论成果、马克思主义中国化的理论成果,这些理论在实践中形成,并不是一成不变的,而是继续在实践中丰富发展,所以思政课的授课内容也不是一成不变的。随着中国特色社会主义事业的向前推进,马克思主义理论宝库中会增添新的内容,思政课的授课内容也不断增加。所以思政课教学实践中要特别注意以下几点:要关注社会现实,经常运用社会大课堂中的鲜活案例,搭建起理论和现实的桥梁;要重视实践教学,开展丰富多样的实践活动,鼓励学生积极参与思政课实践活动;要关注国家的发展,注意对新思想、新论断、新提法的传播。通过理论教学和实践教学的有效结合教育引导学生树立远大理想,并把志向抱负转化为实际行动。

(五)坚持统一性和多样性相统一

坚守为党育人、为国育才是我国教育的使命,要求所有的教学都要按照统一的教学目标、课程设置、教材使用、教学管理开展。思政课是其中一门特殊的课程,这种特殊性就表现在它在立德树人根本任务中的关键性课程地位,所以思政课比其他课程更强调这种统一性。但统一并不代表僵死不变,因地制宜、因时制宜、因材施教落实统一性,这就是思政课的多样性。所以坚持统一性和多样性相统一,思政课教师在教学实践中就要注意以下几点:要严格遵循思政课的课程教材、教学大纲、教学管理、课程设置的要求展开教学,确保教学内容权威、教学过程规范、教学目标合理。但同时应该看到,各个地区、各个学校有不同的资源,教师有个人特长,学生有个性差异,所以思政课不能够千篇一律。教师要积极创造,要以教材为蓝本,根据自身特长、学生特点,结合当地教学资源,有计划、有针对性地开展教学,使思政课能够直击心灵。

(六)坚持主导性和主体性相统一

主导性指思政课教师在教学中的主导性,主体性指学生在思政课堂的积极性、主动性、创造性的展现。主导性是针对教师而言,体现在课前教学目标设置,课堂教学内容安排、教学方法使用、教学过程管理、教学进度把控,课后教学目标检测等关键环节教师掌握绝对话语权。主体性是针对学生而言,学生是具有创造力、想象力、判断力、感知力的个体,要在课堂教学中把学生拥有的"能力"调动起来,让学生深度参与课堂。教师在教学中要注意,不能够把学生视为简单接受知识的客体、对象,要尊重学生的主体性,研究学生的认知规律和接受特点,通过小组讨论、情景展示、课堂辩论等教学方式,让学生参与到课堂中来,使学生主体的思维能力得到锻炼和提高。学生在发挥主体性的过程中,教师要做好画龙点睛工作,加强引导和总结提炼。

(七)坚持灌输性和启发性相统一

"灌输"是列宁最早提出的概念。他根据当时的实际情况,指出社会民主主义的意识不可能从人们的脑袋中自发生长出来,需要借助外力"灌输"进去。后来,"灌输"逐渐发展成为马克思主义理论教育的基本方法。这种方法也被运用到了我国各个学段的思想政治教育工作中,对思政课的教育教学发挥了极为重要的作用。灌输是必要的,但同时也应该看到灌输方式的局限性,灌输方式压制了学生的学习能动性。所以要重视启发式教学,教师要通过情景设置、案例分析等方式引发学生思考,把学生从"被动"接受知识的客体转变为"主动"研究问题、探求真理的主体。

(八)坚持显性教育和隐性教育相统一

铸魂育人是高校所有课程的使命,但课程性质不同,发挥的作用也不同。思政课是落实立德树人根本任务的关键性课程,是主阵地。思政课旗帜鲜明地传播马克思主义理论,塑造价值观,锻造优秀品格,在铸魂育人方面的作用是有形的、可见的。仅仅靠思政课铸魂育人还不够,还要求其他课程与思政课同向同行,充分发掘思政元素,发挥育人效果。除此以外,还要在校园文化、校园环境、校园规章制度等方面发力,创建育人良好氛围。

第五章 高职思政课教学改革的现状

第一节 高职思政课教学改革的历程

中国共产党始终重视思政教育,新中国成立至今,思政课课程、教材以及教学体系经历了不同的发展时期,呈现出了不同的发展特点,本章对新中国成立以来高职院校思政课课程建设总结,以及把握思政课发展历程,总结课程发展规律,推进课程改革具有借鉴意义。

一、高职思政课课程设置沿革及其经验

高校思政课是基础课程,也是必修课程,是巩固学校社会主义意识形态主阵地的关键课程,高职院校思政课程经历了不同的发展阶段,课程建设逐步完善。

(一)高职思政课课程设置沿革

1. 新中国成立到改革开放以前(1949—1978)

新中国成立初期,高校对思政课设置做了进一步的规范。《华北地区专科以上学校一九四九年度公共必修课过渡时期实施暂行办法》以及《大学专科学校各系课程暂行规定》等文件中明确规定,思政课课程设立"辩证唯物论与历史唯物论""新民主主义论"

"政治经济学"三门主干课程,并在全国高校试行。① 此外,1952 年底根据《关于全国高等学校马克思列宁主义、毛泽东思想课程的指示》相关要求,各专科以上高等院校在原有思政课课程基础上增开"马克思列宁主义基础"课程,并规定三年的专科学校开设课程及先后顺序为第一、第二年级分别开设"新民主主义论""政治经济学",两年的专科学校不修政治经济学。

随着社会主义三大改造的完成,1956 年中国确立社会主义制度。教育部根据形势的变化,对思政课程做了新的部署和调整。根据《中华人民共和国高等教育部关于高等学校政治理论课程的规定(试行方案)》,将高校思政课课程设置为四门,即:马克思列宁主义基础、中国革命史、政治经济学、辩证唯物论和历史唯物论。此后,具体课程设置上也根据实际需要做出了相应调整,例如 1957 年,针对中苏关系的变化,以"社会主义"课程代替"中国革命史"和"前苏联共产党党史"两门课程。1964 年,教育部特别强调思政课必须旗帜鲜明反对修正主义,加强对毛泽东思想的学习。② 此外,国家在课程学时方面也做了具体规定,1961 年 4 月,教育部在《改进高等学校共同政治理论课程教学的意见》中指出思政课课时在文科各专业一般不超过课堂教导总时数的 20%,理工农医各专业一般不超过课程教学总时数的 10%。

1966 年到 1976 年,中国的高等教育遭遇严重挫折,高校思政课也遭到严重破坏和冲击。这期间,许多大学停办,招生停止,思政课建设也进入停滞阶段。随着高考的恢复,思政课课程建设逐步恢复正常。1978 年,教育部下发《关于加强高等学校马列主义理论教育的意见》,要求高校一般开设 4 门思政课:"辩证唯物主义和历史唯物主义""中国共产党党史""政治经济学"和"国际主义运动史"。

从新中国成立到 1978 年期间,我国高职院校思政课建设基本坚持马克思主义、毛泽东思想的指导,其间也进行多次调整,逐步形成了马克思主义哲学、政治经济学及马克思主义中国化的课程体系。

2. 改革开放和社会主义现代化建设时期(1978—2012)

改革开放以来,社会建设蓬勃兴起,高等教育发展日新月异。思政课作为精神文明建设的重要抓手,受到党和国家的高度重视。这一时期,思政课建设根据形势变化和人

---

① 秦宣. 新中国成立 60 年来高校思想政治理论课沿革及其启示[J]. 思想理论教育导刊,2009(10):23-32.
② 教育部社会科学司. 普通高校思想政治理论课文献选编(1949—2008)[M]. 北京:中国人民大学出版社,2008.

才培养需要,思政课改革持续进行,先后经历了"85 方案""98 方案"以及"05 方案",课程体系不断完善。

1)"85 方案"

为了进一步恢复思政课课程体系,建设适应改革开放实际的思政课程,20 世纪 80 年代初,国家陆续出台多个文件推动思政课课程建设。1980 年 7 月,教育部印发《改进和加强高等学校马列主义课的试行办法》,明确了思政课在课程体系中的重要作用,对思政课的教学大纲、教材审定、教育教学目标等进行了规范,对课程基本学时、讲授内容等进行了科学规定。

1984 年 9 月,中共中央宣传部、教育部发布了《关于加强和改进高等院校马列主义理论教育的若干规定》等文件,推进思政课程改革,在全国高校增加"共产主义品德""中国社会主义建设基本问题"等课程,思政"两课"格局逐步形成。1985 年 8 月,中共中央正式颁发《中共中央关于改革学校思想品德和政治理论课程教学的通知》,明确了"两课"要在教学内容、方式方法等几个方面进行改革。1986 年 3 月,国家教委根据上述文件要求,下发了《关于在高等学校进一步贯彻〈中共中央关于改革学校思想品德和政治理论课程教学的通知〉的意见》,将高校思政课改设为"中国革命史""中国社会主义建设""马克思主义原理"三门课程。1986 年 9 月,国家教委又将"法律基础课"增加为高校思想政治理论课的一部分。1987 年 3 月,为了更好贯彻《关于改革学校思想品德和政治理论课程教学的通知》,国家教委发布《关于进一步改革高等学校马克思主义理论课(公共课)教学的意见》,意见提出三年制的大专,可以开设"中国革命史"和"中国社会主义建设"课;两年制的大专,可以开设"中国革命和建设的基本问题"课。同时学校提出要根据实际情况,有计划、有步骤推进改革。同年 10 月,国家教委又将"形势与政策""法律基础"两门课改设为必修课。至此,以"马克思主义基本原理""思想品德"为主体构成的"85 方案"基本形成。

2)"98 方案"

20 世纪 90 年代,国际局势风云变幻,为了更好地坚定理想信念,应对新挑战,国家对思政课建设提出了新的要求。1993 年,教育部思政司召开了"新形势下高校思想政治教育课程建设座谈会",决定把"大学生思想修养"和"人生哲理"两门课程整合为"思想道德修养"课程。同时在每个年级统一开设"形势与政策"必修课。1995 年 10 月,国家教委发布《关于高校马克思主义理论课和思想品德课教学改革的若干意见》的文件,进一步强调要坚持以邓小平建设有中国特色的社会主义理论为核心内容,把马克思主义中国化的最新成果作为理论学习的重要内容。

1997年"十五大"之后,中央规定从1998年开始,增开"邓小平理论概论"课程,将邓小平理论作为高校思政课的重要组成部分。为了进一步规范"两课"课程设置,1998年6月,中宣部和教育部发布《〈关于普通高等学校"两课"课程设置的规定及其实施工作的意见〉的通知》,其中规定专科院校思政课设置如下:

	马克思主义理论课	思想品德课
两年制专科	"马克思主义哲学原理"(36学时) "邓小平理论概论"(64学时)	"思想道德修养"(40学时) "法律基础"(28学时)
三年制专科	"马克思主义哲学原理"(50学时) "毛泽东思想概论"(40学时) "邓小平理论概论"(60学时)	

从"85方案"来看,课程设置以"两课"为基础,既重视了马克思主义理论学习,也重视对学生道德修养的培育,对于引导学生树立正确"三观"以及规范自身行为具有重要教育意义。

3)"05方案"

进入21世纪之后,国情、党情、世情发生了深刻的变化,为了应对新形势和新任务,中共中央对思政课程建设提出了新的要求。2003年2月,教育部印发《关于进一步深化"三个代表"重要思想"三进"工作的通知》,将"邓小平理论概论"调整为"邓小平理论和三个代表重要思想概论"。2004年10月,中共中央、国务院颁发了《关于进一步加强和改进大学生思想政治教育的意见》,提出要积极构建符合理论与实践紧密结合的思想政治理论课课程体系,不断发挥思政课在大学生思想政治教育中的主渠道作用,把理论教学与实践教学紧密结合起来。2004年11月,中宣部、教育部发出《关于进一步加强高等学校学生形势与政策教育的通知》,提出要规范形势与政策课程管理,加强课程标准化建设。2005年2月,中宣部、教育部共同印发了《关于印发〈中宣部、教育部关于进一步加强和改进高等学校思想政治理论课的意见实施方案〉的通知》,对思政课做了进一步调整,形成"毛泽东思想、邓小平理论和'三个代表'重要思想概论""马克思主义基本原理""中国近现代史纲要""思想道德修养与法律基础"4门本专科必修课,同时开设"形势与政策",并对教学管理、师资培养做了具体说明。高校思想政治理论课由此从"两课"转变为"思政课"。其中专科院校课程设置如下:

层次	必修课
专科	2门必修课: 毛泽东思想、邓小平理论和"三个代表"重要思想概论 4学分 思想道德修养与法律基础 3学分

"05方案"规定课程设置从2006年秋学期开始在全国高校实施。"05方案"形成并沿用至今,在实施过程中,根据实际需要作出相应调整。2007年,党中央决定把邓小平理论、"三个代表"重要思想以及科学发展观统称为"中国特色社会主义理论体系"。2008年8月,教育部办公厅发布了《关于将高校思想政治理论课"毛泽东思想、邓小平理论和'三个代表'重要思想概论"课程名称调整为"毛泽东思想和中国特色社会主义理论体系概论"的通知》,对课程名称作了相应调整。2011年,教育部发布了《高等学校思想政治理论课建设标准(暂行)的通知》,对各个课程建设提出了评价标准和改进建议。

通过对改革开放以来我国高校思政课发展历程的梳理,能够看到在课程设置上经历了"85方案""98方案""05方案",课程设置与现实需要紧密联系,并逐步趋于稳定。

3. 中国特色社会主义新时代(2012年—)

十八大以来,党中央进一步加强意识形态建设,高度重视高校思想政治教育工作,思政课改革创新成为这时期建设的重要内容。

在"05方案"基础上,对思政课建设提出了一系列加强措施,为思政课程建设提供有力的政策支持。2016年,中共中央、国务院印发了《关于加强和改进新形势下高校思想政治工作的意见》,对高校思政课改革做了进一步的部署。同年底,全国高校思想政治工作会议召开,习近平进一步强调高校思政工作的重要性,进一步把思政课教学放在了重要位置上。党的十八大以来,为了进一步促进习近平新时代中国特色社会主义思想"三进",2018年4月,教育部印发了《新时代高校思想政治理论课教学工作基本要求》与《加强新时代高校"形势与政策"课建设的若干意见》等文件,对思政课建设作出了新的部署。

2019 年 3 月 18 日,习近平主持召开学校思想政治理论课教师座谈会并发表重要讲话,为新时代思政课改革创新指明了方向。为了进一步落实座谈会重要讲话精神,2019 年 8 月,中共中央办公厅、国务院办公厅印发《关于深化新时代学校思想政治理论课改革创新的若干意见》,在完善教材体系、加强思政课教师队伍建设、加强党对思政课建设的领导等方面提出了明确要求。其中在课程建设方面,明确专科阶段开设"毛泽东思想和中国特色社会主义理论体系概论""思想道德修养与法律基础""形势与政策"等必修课。同时积极探索开设重点围绕习近平新时代中国特色社会主义思想,以及党史、新中国史、改革开放史、社会主义发展史、宪法法律、中华优秀传统文化等设定课程模块,开设系列选择性必修课程。

(二)课程建设的启示

1.课程建设始终要与时俱进

思政课作为学校意识形态教育的主阵地,是对学生进行思想政治教育的关键课程。课程设置要坚持与现实需要和理论创新相一致,才能更好地达到思政育人目的。从我国高职院校思政课设置来看,经历了不同发展阶段,课程体系趋于稳定,形成了当前思想政治理论课体系。从教学内容来看,始终紧密联系国内国际形势发展的需要,始终与党的理论发展紧密联系,不断把党的最新理论成果增加到教学中,体现了马克思主义与时俱进的精神品质。先后开设"邓小平理论""邓小平理论和'三个代表'重要思想概论""毛泽东思想和中国特色社会主义理论体系概论"等课程,十九大之后,将"习近平新时代中国特色社会主义思想"作为重要内容融入教学中,并开设相应的必修、选修课程。

2.课程建设始终坚持理论联系实际

思政课不仅是理论课程,更是一门与实际紧密联系的课程。思政课课程在建设过程中,坚持理论创新,同时与实践紧密结合,在注重培养学生理论能力、思维能力的同时,增强学生动手能力、解决问题能力。课程重视实践教学建设,鼓励教师开展多种形式的实践活动,通过实地调研、读书分享、社会访谈等多种形式的实践活动,帮助学生把理论内容转化为解决现实问题的具体方法。

3.课程设置突出马克思主义中国化

马克思主义是我们党的指导思想,指引着我们党和国家的建设和发展。思政课课程建设始终把马克思主义以及马克思主义中国化作为重要的教学内容,其中马克思主义中国化理论成果是高职院校教学的重点内容。思政课课程设置,经历了多次调整,重视把党的最新理论成果融入课程中,从课程设置和演变来看,始终把马克思主义立场、观点和方法贯穿其中。加大马克思主义中国化理论的教育对于把握我国现阶段的理论方针,培育社会主义建设者具有重要意义。

二、改革开放以来我国高职院校教材沿革及经验

高校思政课教材是开展思政教育的重要载体,也是影响教学的重要因素,因此对我国高职院校思政课教材进行梳理对于认识和理解教材演变,把握教材改革以及推进思政课改革创新具有重要意义。

(一)改革开放以来我国高职院校教材沿革

在改革开放之前,各高校使用的教材基本以自编教材为主,教材尚未统一,教材质量参差不齐,教材内容落后于实际教学需要。1979 年 5 月,教育部发布《高等学校政治理论课的基本情况和存在问题》,明确指出了这一时期思政课教材存在的问题。为了进一步规范教材使用,国家在 1980 年 7 月公布的《改进和加强高等学校马列主义课的试行办法》中提出在教材选用方面可选用教育部推荐教材,或者根据教学大纲自编教材。由于缺乏统编教材,部分自编教材质量不高,部分高校依然沿用“文化大革命”以前的教材,编写统一教材已经迫在眉睫。

为了进一步解决教材问题,国家多次提出思政课改革要求。1984 年 9 月,中宣部、教育部印发了《关于加强和改进高等院校马列主义理论教育的若干规定》,明确提出了思政课教材改革。1985 年 8 月,中共中央颁发了《关于改革学校思想品德和政治理论课程教学的通知》,思政课“85 方案”逐步形成,通知提出要建立教材编审委员会,编写全国范围使用的参考教材。1994 年,在教材编写委员会的统筹下,第一套全国通用版教材投入到教学中并获得了良好的教学效果,从此思政课教材编写走向制度化、科学化、规范化。1998 年 6 月,中宣部、教育部印发了《关于普通高等学校“两课”课程设置的规定及其实施工作的意见》,标志着“98 方案”的形成。教育部根据教学大纲和教学基本要求直接组织编写示范教材,同时允许各省根据教学大纲和教学要求,组织编写本地区选用教材,各

高校不再自编思政课教材。随着"98方案"的实施,基本实现了思政课教材的统一,提升了教材的科学性及规范性。2005年,以中宣部、教育部印发的《关于进一步加强和改进高等学校思想政治理论课的意见》以及3月印发的实施方案为标志,高校思政课开启了"05方案"。"05方案"对教材提出了更高的要求,中央明确提出,高校思政课教材要纳入马列理论研究范畴,组建由学科带头人、相关专家学者、教师为成员的课题组,统一编撰适用于全国的教材。思政课教材编写更注重权威性与规范性,教材质量更高,推出了《毛泽东思想、邓小平理论和"三个代表"重要思想概论》(后改为《毛泽东思想与中国特色社会理论体系概论》)、《思想道德修养与法律基础》以及相应的教师用书、学生辅学用书,并进行多次修订。

党的十八大以后,高校思政课建设进入新的发展阶段,对思政课教材的编写、使用提出了更高的要求。2015年,教育部公布的《高等学校思想政治理论课建设标准》明确要求各高校必须使用教育部指定的思政课最新版本统编教材。十九大之后,为了更好地推进习近平新时代中国特色社会主义思想"三进",教材进行了重新编订。

(二)改革开放以来我国高职院校教材编写经验

思政课教材是思政课教学的重要载体,教材的质量直接影响教学活动的开展。高校思政课教材经历了不同历史时期,通过对上述时期教材编写和使用的经验总结,对于当下教材的编写、教材的改进、教材的使用具有参照意义。从思政课教材的使用沿革来看,有以下几个方面的经验。

一是教材必须坚持政治性与理论性的统一。作为进行意识形态教育的重要课程,思政课要旗帜鲜明地讲政治,把握正确的政治方向,坚持为国育人为党育人为国育才为党育才。一方面,要坚持马克思主义为指导思想,把马克思主义基本原理与马克思主义中国化理论成果融入教材中,不断提升学生的理论自信与理论自觉,从而坚定社会主义理想信念,增强马克思主义信仰。另外一方面,要坚持党的领导,认识中国共产党领导中国人民在革命、建设、改革的光辉历程和不同阶段时期的理论、路线、方针、政策等,把爱国与爱党、爱社会主义相统一起来。这些年意识形态领域中,出现了许多反对马克思主义的声音,披着历史虚无主义的外衣、非马克思主义外衣攻击社会主义甚至中国共产党。坚持政治性,就是要旗帜鲜明地反对这些声音,把坚持党的领导作为教材编写的第一原则,通过教材深入学生心中,引导学生树立坚定理想信念。从这些年的教材革新来看,也始终把马克思主义作为教材编写的指导思想,通过修订把最新理论成果融入教材中,形成适应时代需要的教材体系,从而实现对学生的马克思主义教育。教材由自编走向统编,很大程度上避免了教材质量不高、政治性不强的问题。教材编写的权威性、科学性、规范性不断提升,对于提升思政课教学质量具有重要推动作用。

二是教材必须坚持基础性与发展性的统一。教材作为思政课教学的重要工具,承载着思政课的重要内容,直接反映了思政课建设的质量和阶段性学科发展的前沿成果,因此具有基础性作用。思政课教学中,发挥基础性作用体现在两个方面。一方面,教材是思想理论的载体,教材内容紧紧围绕政治理论、思想道德、法律基础等内容展开,反映社会主义意识形态。教材建设关系马克思主义教育的重要阵地,是引导学生提升思想道德和理论素养的重要渠道,教材要发挥出基础性作用,引导学生成长为社会主义的建设者。另外一方面,教材是教学活动开展的前提。教材在教学中具有师生交流的媒介功能、落实教学目标的基本功能,是教学中不可或缺的重要因素,因此教材建设对于提升教学质量,推进教学改革具有重要意义。同时要坚持教材的时代性。教材是时代发展的产物,不同历史时期反映出来的时代特征、任务各不相同,思政课教材内容要紧紧围绕时代需要进行调整,不断符合现实需要。教材作为重要工具,要更好服务师生,就要从内容上、形式上、手段上不断实现创新发展,做到贴近学生、贴近实际、贴近现实。从教学内容来看,要反映出现阶段我们党和国家的重要理论成果,关注学生成长中的需求和困惑点,通过为学生提供更符合需求的知识供给,提升学生学习兴趣,增强价值认同。从教材形式上来看,教材设置注重把理论与实际相结合,重视实践教学,通过实践教学内容,引导学生把理论学习应用于实践教学中,不断增强教学的实效性。从教材实现的手段来看,现代信息技术的应用也更为普遍,电子教材、课件、教学相关素材为教学活动的开展提供了更多便利性,增强了教材的可读性和教学的直观性。

三是教材必须坚持高质量编写与规范使用的统一。教材作为教学活动最为重要的工具,质量至关重要。从思政课教材沿革来看,对教材编写的规范性、科学性、权威性越来越重视,这也是高质量教材的重要体现。把握高质量编写的同时要注重提升教材的可读性和针对性。一些教材存在过于重视理论性,教材话语体系存在乏味性、可读性不高的问题,使教材缺乏感染力和吸引力。此外,高职院校思政课教材与本科院校使用的教材相同,教学主体的差异化,一定程度上制约了教材效能的发挥。在教材建设上要不断增强教材的可读性,探索符合当下学生阅读习惯的教材版式,把经典案例融入教材,加强配套教材开发,引入叙事话语,采用多种论述方式,增强教材可读性。同时针对高职院校,逐步构建本专科相差别、统编和高质量自编教材的教材体系,更好地满足思政课创新改革的需求。

此外,规范教材使用是用好统编教材的关键环节。从教材使用的沿革来看,存在教材使用不规范现象,对教材使用并未进行严格规定。为了推动教材的规范使用和持续优化,需要建立教材监控机制。首先,各高校要把思政课教材使用情况纳入思政工作巡查范围内,严格按照要求使用相关教材。其次,思政课教师要对教材使用情况进行反馈,并形成相应的使用意见,为教材的修订提供参考依据,形成从编写者到使用者良性互动的沟通机制。最后,各高校要高度重视马克思主义教材使用工作,围绕教材使用,形成一批高质量的辅导教材,更好地服务于思政课教学。

第二节　思政课教学改革的现状

一、知识论视野中的高职思政课教学改革实践

从近些年思政课教学改革来看,涉及知识论、价值论、方法论等不同维度的改革,其中知识论是高职院校思政课教学改革的基础,不断完善知识体系框架,把握知识、能力和情感价值转换之间的关系,可以提升教学的针对性和实效性。

(一)知识视野下,高职思政课改革存在的问题

当前知识论视野下,高职思政课教学改革存在着几个方面的问题。首先是教材体系向教学休系转化的问题。统编教材显示出了教材的科学性、权威性和学术性,需要教师在教学中结合学情、校情进行具体转化,密切联系实际、贴近学生生活,挖掘教学个性。这就要求教师要充分备课,掌握教材的知识点,形成全面的知识体系和教学框架。同时要加强与学生联系、与专业教师联系,找到教学中的切入点。二是教学中重视理论教学忽视实践教学。实践教学是思政教学的重要组成部分,存在实践教学走过场、重形式等

现实问题,未能真正把实践教学落实到位。重视学生知识的掌握,对知识的转化和内化研究不够。重视理论教育,轻视具体问题的解决。三是在教学方法中,重视发挥教师在知识传递中的主导性作用,形成以教师主导的教学方法,学生被动式学习,教学效果大打折扣。学生是学习知识的主体,要构建以学生为主体的教学方法,激活学生课堂主动性和积极性。

(二)从知识的属性看高职思政课教学特点

1.知识选择服务于能力培养和价值观塑造

传统知识论认为能力的培养和价值的塑造离不开知识的学习。不同知识类型、性质直接影响学生能力培养和价值塑造的效果。教师在教学大纲的框架之下构建教学体系,要充分融入不同类型的知识,丰富理论教学,构建立体多层次的教学体系。在知识选择上需要把握几个方面的原则。一是知识的针对性。一方面,根据教学实际要求,构建相应的知识框架,符合课程要求,反映理论内容,培养服务能力和价值引领。另一方面,教师要深入了解学生,把握新时代学生的学习规律和特点,在知识选择上要紧密贴近学生生活和现实实际,增强教学的针对性。针对学生基础知识较为薄弱的现实,教师在知识选择中注重把握知识的深度和难度,把握教学中不同难度的知识比例,用更多感性认识增强学生的可理解性和可视性。二是知识的广阔性。高职思政课教育要区别于中学时期的思政课教育,要形成更为宽广的知识视野,拓展学生的历史视野和国际视野,不断提升学生的感性知识积累并转化为理性思考的能力。三是知识的时代性。当今的世界是知识与信息爆炸的时代,教师始终要坚持学习,保证知识的与时俱进,以最新的知识吸引学生、回应学生,满足新时代学生学习诉求。四是知识选择的特殊性。教材为思政课教学提供了共性知识,思政课教师要根据专业特色、学校特点、区域文化、特殊节点等打造符合高职院校特色的个性案例,更好地服务于思政课教学。

2.知识视野贯穿于思政教学全过程

思政课教学包括理论教学和实践教学两个部分。理论教学强调知识的理论性、整体性,实践教学强调知识的应用性和可操作性。教师进行教学设计时要注重区别两种不同的教学,把知识视野贯穿于教学全过程。课堂教学注重理论知识和拓展性知识讲授,学生把握知识的整体性。实践教学更重视程序性知识、方法性知识以及综合性知识,在实践中深化对知识的理解,增强独立思考、解决问题的能力。

3.知识学习和转化的规律性

思政课知识学习对于开阔学生视野,增强学生能力,引导学生树立远大理想和正确三观具有重要意义。思政课中,相关知识的传播过程和接受过程质量直接影响了育人效果。在形成教学知识框架的基础上需要教师积极探索知识学习和转化的规律和特点,才能有的放矢。思政课教师要把高职教育特点和思政教学规律结合起来,采用更适合高职院校学生学习的教学方法,为更好地传播知识创造条件。

(三)知识论视野下高职思政课教学策略

1.丰富知识内容

教材中的知识是思政课教材的基础,把握好教材是开展好思政课教学的前提和基础。同时应该有机融入其他思政元素,丰富知识内容,增加教学厚度,开阔学生视野,提升学习兴趣。

一是优秀传统文化融入思政课。中华优秀传统文化包罗万象、意蕴深刻、影响深远,弘扬优秀传统文化对于增强文化自信、提升思想道德修养具有重要意义。优秀传统文化与学生的联系密切,更能激发学生兴趣,回应现实社会中出现的"三观"偏差的问题。思政课教师要充分利用优秀传统文化融入思政课教学中,通过开展集体备课、案例研讨,形成优秀文化案例集,开展优秀传统文化相关的实践活动,不断深化学生对优秀传统文化的认识。

二是"四史"教育融入思政课。历史是最好的教科书,以史为鉴才能走得更远,走得更好。2020年1月,习近平总书记在"不忘初心、牢记使命"主题教育总结大会上提出开展学习"四史"教育。开展"四史"教育,对于学生了解社会主义发展史、中国共产党党史、改革开放史以及新中国史等具有重要意义,这与思政课教学相向而行。把"四史"教育融入思政课不仅拓宽思政教学视野,同时增加课程的学习性。在现有知识体系中,积极把党史、新中国史、改革开放史、社会主义发展史融入其中,可以增加思政课的历史厚度。要全面梳理"四史"内容,找准结合点,特别是把地方红色文化资源融入教学中,加强对文化内涵的提炼和转化,形成更为生动鲜活的感性资料,引起学生的共鸣。例如重庆,在中国革命、建设和改革的历程中,留下了许多伟大的斗争故事;以周恩来为代表领导的南方局在抗战时期,坚持斗争、不怕牺牲,形成了伟大的"红岩精神";涌现了江姐、陈然等一大批革命英雄,他们展示了坚定的理想信念和革命乐观主义精神。这些历史或现实正在发生的故事,是学生认识理论问题的重要资源,不仅是对历史人物及其精神品质的认识,更能激发学生的责任意识和使命担当。

三是把"工匠精神"融入思政课教学中。培育高职院校学生的工匠精神,对于高职学生扎根专业、提升专业素养、面向未来,成为一名高素质、高能力的劳动者具有重要意义。首先要引导学生树立良好的职业态度。良好的职业态度是培养优秀劳动者的前提条件,建立职业发展信心和归属感,才能更好地为未来职业发展做好准备。其次要培养学生专注细致的职业精神,引导学生肯钻研、爱钻研,不断提升专业技术含量。最后是要提高学生的人文素养,提升学生的审美能力、创造能力以及沟通能力。为此,加强思政课与专业课课程思政衔接,形成培育合力,增强学生对专业性、职业性以及人文素养的认识。充分发挥思政课实践教学作用,培养学生独立思考能力和专注力,以及学生的价值创造和自我实现。思政课教师要立足学生专业特色做好教学设计,增强教学的针对性,不断以身作则,在教学中展现出较高的职业素养和精神品质,以实际行动,践行工匠精神。

教师在教材的基础上,根据教学大纲和教学实际,选择不同的知识内容融入教学活动中。这就需要教师对知识进行不断总结和更新、分类,找到知识的融入点。

2.合理设置不同类型的知识比重

思政课教学中包括不同的知识类型,如基础性知识、拓展性知识、方法性知识、程序性知识、能力性知识等,并根据学生学习实际合理设置不同类型知识在课堂教学中的比重,巩固基础性知识,适当增加拓展性知识,能够掌握基本概念、理论等,开阔学生的视野,实现情感的升华。

在教学中要特别注重理论知识和实践知识的统一。理论知识是指在课堂教学中涉及的基础知识、拓展性知识,反映学科的基本特点。实践知识强调理论知识的应用和转化,帮助学生加深对理论知识的认知。思政课教学要将理论课程与实践课程紧密联系,增强学生对知识的理解。

3.依据知识传播规律调整教学方法

高职思政课教学有着其内在的运行特点和规律,教师应进一步帮助学生认识和理解理论及其相互之间的关系,并能够实现理论向实践能力的转化和情感升华。教师要引导学生构建知识形成、理解、运用的框架,形成自主学习思维的能力和习惯。在教学活动中,要充分发挥教师的主导作用,同时要坚持学生的主体地位。依据知识的传播规律,引导学习主体形成对知识的加工机制,不断促进知识的主体化,促进立德树人目标的实现。

二、价值论视野中的高职思政课教学改革实践

坚持正确的价值导向是高校思政课教学改革的重要方向,能更好地发挥思政课关键课程作用。要牢牢把握和贯彻习近平总书记在学校思政课教师座谈会上的重要讲话精神,发挥思政课在立德树人中的关键作用。

(一)立德树人融入高职思政课的必要性

立德树人理念对思政课提出了新的要求,明确了思政课改革方向和改革的举措,更好地发挥思政课在育人中的重要作用。从育人目标来看,对思政课提出了更高的要求,教师需要从教学内容、教学目标、教学方法方面注重立德树人目标的实现,并贯穿于教材体系向教学体系和价值体系转化全过程。同时要充分提升专业课课程思政建设,专业课建设与思政课建设同向同行。以立德树人为理念,也为专业课建设提出了新的目标要求。思政课与专业课协同发力,对于提升学校高质量人才培养具有重要作用。从育人内容来看,把立德树人融入思政课对于弘扬社会主义核心价值观具有重要意义,由此,可推动社会主义核心价值观深入人心,提升公民素养。

(二)立德树人融入高职思想政治理论课教学存在的问题

思政课作为立德树人的关键课程,需要将"立德树人"贯彻到教学目标、教学内容、教学方法、教学评价的各个环节。通过对部分高职院校的实际问卷调查,我们发现落实立德树人任务在各环节依然存在着诸多问题,影响了立德树人任务的实现。从教学目标来看,教师在教学目标设置中,重视知识目标和能力目标的培育,对情感价值的培育重视不够。情感目标设置不够具体,实现路径不明晰,常常未能体现在教学过程和教学结果中。从教学内容来看,教师对立德树人的理解参差不齐,对于"立德树人"的内涵、意义、要求以及实现路径不明确,缺乏统一的标准。因此,教师在教学设计中,对于案例选择、方法选择,存在失当,使得立德树人的推进缺乏统一性、系统性、逻辑性。从教学方法来看,各

学校重视方法革新,引入一系列前沿的教学方法,对于提升思政课程质量具有重要意义。同时,也要看到教学方法中存在重视技术手段大于教学内容,重视形式大于内容的问题,极大影响了立德树人目标的实现。因此,在教学中要以立德树人为出发点和落脚点,不断改进教学方法增强育人的针对性和实效性。从教学评价来看,注重对知识、理论的考查,忽视立德树人方面的考查。课程评价是对学生学习效果的考量,能够引导和规范学生的学习行为,是检验思政课成效的重要依据。现有的教学评价体系不完善,对立德树人评价指标不明确,难以考查在立德树人方面所取得的成效。

(三)立德树人视域下思想政治理论课教学改革路径

把立德树人理念融入教学目标、教学内容、教学方法和教学评价中。首先,要坚持把立德树人作为根本教学目标。教师要紧紧围绕立德树人的深刻内涵,构建立德树人的教学体系。把育人目标与育人手段结合起来。这就要求教师在教学目标设置之前要充分了解学生学情,了解学生的学习特点、专业背景和现实需求,教学目标制定更能满足学生需求。同时要充分掌握教材体系,把握不同章节的内在关系,形成系统性教学目标,才能在教学中有的放矢。教师要在教学中把知识目标、能力目标、情感价值目标统一起来,强化立德树人目标。

其次,要构建以立德树人为核心的教学内容。教学目标的实现离不开教学内容的设计。教学内容是落实立德树人的载体,通过特定的教学素材把相关的立德树人元素融入教学中,并形成整体性框架,实现教材体系向教学体系的转化。教学内容的设计要坚持统一性和多样性的原则,把握理论的重难点的同时要贴近学生现实、贴近实际,通过多样的现象认识事物的本质,有效落实立德树人目标。教学内容设计坚持专题性与整体性的统一。对教材内容进行重构形成相关专题,每个专题在立德树人方面各有侧重,同时把握专题之间的逻辑关系,构成整体性。

再次,要创新以立德树人为目标的教学方法。立德树人是思政课要实现的重要目标,需要通过显性教育与隐性教育结合的方式,不断改进教学方法。教师在教学过程中,要充分灵活使用多种教学方法,引导学生开展课堂学习与课外学习、线上学习与线下学习、自主学习与讨论学习。在教学中要把理论教学和实践教学紧密结合,既要把理论内容讲透,实现情感升华,同时也要开展实践教学,通过创设情境,再现历史场景、人物、故事,引起学生情感共鸣,增强情感教育。

最后,要坚持以立德树人为考核核心的多元评价体系。制订以立德树人为目标的考核计划,是引导学生学习行为的重要因素。把立德树人作为对学生学习评价的重要指标,改变过去单一的理论考核方式,通过对学生实践活动、课堂教学参与等多种方式进行综合考评,而不是简单以理论成绩评定。从评价主体来看,可以建立师生评价、学生自评等多元主体的评价方式,把更多评价主体纳入立德树人方面的评价。从评价构成来看,把平时考核与期末评价相结合,加大平时考核的力度,引导学生在日常学习中注重行为养成。

三、方法论视野中的高职思政课教学改革实践

(一)创新课堂教学方法

革新教学方法和学生学习方法是思政课改革的重要抓手,也是打造新时代思政"金课"的关键环节。过去,理论教学和实践教学中存在强调教师的主导性地位忽视学生的主体性地位,重视灌输式教学忽视启发式教学,重视理论教学忽视实践教学,重视显性教育忽视隐性教育等问题。2019年3月18日,习近平总书记在学校思想政治理论课教师座谈会上强调,思政课教学改革要把握好八个方面的关系。从方法论视野,梳理了思政课课堂教学方法创新、实践教学方法创新、学生学习方法创新,认识高职院校思政课改革状况。

课堂教学方法是提升教学有效性的必要手段。习近平总书记在学校思想政治理论课教师座谈会上讲话中,提出思政课建设要做到"八个相统一"。教师要坚持围绕"八个相统一",创新课堂教学方法。教师采用单纯的讲授法,在当前越来越不能满足学生的认知方式和学习需求。为了取得更好的教学效果,需要从教学理念、教学方法、教学设计、教学手段、教学模式等不同方面进行创新。从教学方法来看,教学活动是教师主导性与学生主体性的统一,要充分引导学生参与课堂活动。通过对分课堂、翻转课堂方式,教师引导学生站上讲台进行学习分享,进一步解析重难点,实现教学内容的升华。在教学中,通过专题式教学和问题链教学方式,把教学要点转化为相应的问题体系,并通过问题解析逐步深化理论,形成对知识的整体性认识。从教学手段来看,积极探索混合式教学模式,积极引入相关教学平台如超星学习通、学银在线等教学平台,开发微课教学资源、打

造线上学习资源。积极利用新技术,例如通过打造智慧教室,利用 VR、AR 等新技术打造沉浸教学,通过形成新资源,满足青年学生的现实需要。三是教师要积极打造形成具有自身风格的教学设计,实现教材体系向教学体系转化,从多个维度进行教学设计,贴近学生生活和现实,增强案例的鲜活度和剖析的深度,能够引起学生的思考和启发。通过深入浅出的方式,把理论问题讲透彻,回应学生困惑,认识现实问题。四是要加强课堂管理与互动。有效的课堂管理和师生互动,在规范学生学习行为的同时,营造出良好的学习氛围。

创新课程考核方式。课程考核是对学生进行学习评价的重要方式,也是激励学生更好参与学习的重要手段。思政课教学不仅是要学生理解和掌握理论知识,更重要的是提升能力以及加强情感价值教育。合理的课程考核方式进一步促进学生形成良好的学习习惯和学习方式。提升课程考核方式可以从以下几个方面着手。一是合理设置平时成绩、实践成绩、期末成绩在课程成绩中的比重。提升过程性考核所占比重,引导学生参与课堂讨论、发言,积极参与实践活动。教师在平时成绩考核中要明确各项目考核标准以及严格执行。二是创新教学考核手段。在平时成绩和期末成绩考核中,通过借助信息平台简化教师工作量,通过信息手段实现各项目的学生成绩统计,避免繁杂的工作量而造成各指标考核落地困难。

(二)创新思政课实践教学方法

1. 创新实践教学项目

实践教学是思政课的重要组成部分,开展实践教学对于增强理论知识理解、提升学生解决问题的能力具有重要意义。实践教学项目按照实践场所一般分为课堂内实践教学、校园内实践教学、社会实践教学。在课堂实践教学中,学生依据特定实践主题,进行读书分享、演讲朗诵、作品展示、情景剧表演、红歌等。校园实践活动,就是学生开展校园调查、人物走访等。校外实践活动,学生可以通过参观走访爱国主义教育基地、深入企业、"三下乡"等形式开展社会实践。创新实践项目就是要把课堂实践、校园实践以及校外实践统一起来,依据学校条件和教学实际,开展结合专业特色的实践活动,贴近校园生活的实践活动,走入社区百姓的实践活动。从实践内容看,实践活动方案设计要紧紧依托教材,通过实践加深对理论观点的认识和理解。实践活动主题设置广泛,一是可以贴近现实热点,弘扬社会主义核心价值观,传播正能量。二是立足中华优秀传统文化,特别是对地方优秀传统文化的弘扬,引导学生认识地方文化,增强文化自信。三是积极践行革命文化。中国共产党领导中国人民在革命、建设和改革的历程中,创造了伟大的物质成就,留下了宝贵的精神财富。引导学生积极开展学习践行革命文化实践教学,树立正确的历史观,自觉担负起实现民族复兴的历史重任。同时探索线上实践活动方式,通过新技术的应用,打造沉浸式学习体验,增强实践效果。

为了更好地提升思政课实践教学效果,可以采用以下几种方式。一是将思政课实践教学部分纳入教师考核的范围。将教师实践教学方案、实施效果、实施案例等纳入实践教学考核,激励教师开展高质量的实践教学活动并形成良好示范。教学主管部门明确实践活动的实施标准和意见,要求教师高质量、高标准完成实践教学。二是建立实践活动实施保障体系。学校要为思政实践活动顺利开展提供基本的资金、师资、政策上的支持,有机处理思政实践活动和专业实践活动之间的关系,并形成良性互动。把思政元素与专业课元素紧密结合起来,帮助学生树立职业精神。三是提升实践活动成果展示效应。通过搭建多元的校园舞台,展示优秀实践活动成果,提升学生参加实践活动的积极性、创造性,达到更好的学习效果。

教师在实践教学项目上的选择要充分吸收学生意见和教学实际,制订出符合学生认知需求的实践活动方案。实践教学活动是过程与结果的统一,教师要积极参与到学生实践活动中,帮助学生答疑解惑。学生注重实践过程中的认知与能力的提升,同时要把在实践中的收获转化为成果。创新实践活动考核方式,注重对过程和结果的双重考查,提升实践教学的有效性。

2. 创新思政课学习方法

创新课堂学习方法。高质量的思政课离不开教师的教,更离不开学生的学。影响思政课教学发挥作用的因素是多方面的。从教师层面来看,教师上课吸引力不高,教学缺乏针对性,同时忽视对课堂的管理。从学生层面来看,学生学习基础薄弱,学习积极性不高,更重视专业学习忽视其他课程学习。为了更好地提高课堂学习效果,要从师生两个维度着手,教师要引导学生参与到课堂活动中,发挥主体性作用,引导学生由"被动听"到"主动学",通过信息化手段让学生充分参与到学习活动中,开展课堂讨论、回答相关问题。同时要把理论与实践紧密联系在一起,帮助学生形成相应的实践方案,并逐步实施到位,最终形成实践成果。通过学生参与,发挥学生主体性作用,增强学习效果。

充分利用网络资源进行线上学习。网络成为学生获取信息的重要平台,也是当前学生开展学习的重要方式,落实线上、线下混合式教学模式的必然途径,要引导学生树立正确的线上学习方法和培育良好学习习惯。一是完善校园线上学习平台建设,打造精品在线课程,丰富思政课学习资源,构建多类别、多层次、多维度的学习空间。既有丰富的文本资源,也形成多样的视频资源等形式,覆盖课程资源以及课外拓展学习资源。二是引导学生学会选择资源。资源类型丰富多样,要根据教学和自身实际进行选择,找到最适合的资源。三是要学会对资源进行再加工。丰富的网络资源帮助学生开阔视野,加深知识理解,但更要培养学生对资源进行深耕,培养透过事物现象看到事物本质的能力,把资源体系转化为自身话语体系,从而更深刻地认识所学内容。四是要学会做好学习笔记。学习笔记是知识内化的重要步骤,能够提炼重难点,总结学习心得,提出学习问题。这是线下交流、讨论,取得更好效果的关键因素。

3. 创新实践学习方法

实践教学是学生深化理论内容,联系现实生活的关键环节,要引导学生建立正确的实践学习方法,能够更好地提升实践效果,增强实践感悟,在实践中帮助学生形成正确的思维方式和解决问题的能力。

培养学生分析问题、解决问题的能力。因此,在改进实践教学方法的同时,也要提升学生实践学习方法。一是要转变实践观念,把实践教学作为对学生考核的重要内容,引起学生对实践教学的重视。围绕实践活动,要精心组织实践准备活动,制订翔实的实践活动方案。二是实践活动开展要紧密联系理论内容,用理论回应实际问题,在实践过程中要体现出对理论知识的应用。三是实践成果化。在实践中,既要关注学生在过程中知情意方面的收获,也要引导学生将实践成果具体化,通过实践报告、作品展示、调查报告等多种形式,实现显性成果与隐性成果的统一。

第六章　高职思政课立体化教学改革的举措

第一节　课堂教学改革是根本

思政课是落实立德树人的根本任务的关键课程。加强思政课建设对于回答好培养什么样的人以及怎样培养人,具有重要意义。在 2019 年 3 月 18 日学校思想政治理论课教师座谈会中,习近平强调要围绕"八个相统一"推进思政课改革,此后国家层面相继出台了《关于深化新时代学校思想政治理论课改革创新的若干意见》《新时代学校思想政治理论课改革创新实施方案》《关于加强新时代中小学思想政治理论课教师队伍建设的意见》等一系列促进思政课改革建设的文件。今天,中国处于两个大局之中,国家面临更多的风险挑战,就需要新时代的青年学生树立正确的"三观"、坚定社会主义共同理想,为实现中华民族伟大复兴贡献智慧和力量。

一、认识到思政教学改革的重要意义

思政课是高校开展社会主义意识形态教育的重要阵地。当今是一个急剧变化的时代,世界格局在悄然变化,经济的全球化和世界政治的多极化深入发展,多元文化交流不断深入,新一轮科技革命和产业革命正在蓬勃兴起。在百年大变局中,东西方在意识形态的较量更加激烈,西方的意识形态和社会思潮在中国蔓延给国家的政治安全带来了巨

大挑战。青年学生是未来国家建设的关键,而他们正处于"三观"形成的关键时期,正确地引导学生树立远大理想、培育健全人格、形成独立的思考和辨别能力,对于抵制错误思潮,认清时代发展大势,坚定"四个自信",自觉践行社会主义核心价值观,维护意识形态安全具有重要意义。

思政课是开展理论学习,增强"四个自信"的重要渠道。中国特色社会主义是党和人民接续奋斗的根本成就。改革开放以来,中国共产党坚持中国特色社会主义,创造了经济增长和社会长期发展的奇迹。要坚定培育广大青年学子,认识到中国特色社会主义的优越性,增强"四个自信",为自觉践行和投身中国特色社会主义建设贡献青春力量。中国特色社会主义理论是思政课教学的重要内容,学习马克思主义理论特别是习近平新时代中国特色社会主义理论,对于培育社会主义建设者和接班人具有重要意义。这就要求不断提升思政课的实效性,确保理论能够"入耳""入脑""入心",提升思政课的获得感。

思政课是学生增长才干、承载历史使命的关键课程。随着全面建设社会主义现代化国家任务的开启,中国面临着更为艰巨的历史任务。青年是国家的未来和希望,也是实现社会主义现代化的关键。思政课就是要引导学生树立社会主义共同理想,肩负起时代使命,自觉把爱国情、强国志、报国行结合起来,为实现中国梦贡献自己的青春力量。同时思政课内容丰富,涵盖了思想道德修养、法律基础、中国近现代史纲要等内容,帮助学生开阔眼界,活跃思维,增强分析问题、解决问题的能力。

二、当前思政课改革的方向

(一)充分发挥思政课在立德树人任务中的关键作用

习近平总书记在学校思想政治理论课教师座谈会上强调:"思想政治理论课是落实立德树人根本任务的关键课程。"学校思政课改革紧紧围绕习近平总书记提出的"八个相统一"为指引,落实思政改革创新的具体方案,加强学校整体规划、团队建设、课程建设、专业建设,不断提升学校思政课质量,增强学生获得感。

思政课是学生进行思想政治教育的主阵地,是必修课程,也是核心课程。思政课改革要不断提升课程的思想性、理论性、针对性和亲和力。过去,思政课堂上,学生到课率低、抬头率低、点头率低,思政课弱化现象普遍存在。出现这种情况的原因是多方面的,包括社会层面、学校层面、教学团队层面、教师层面、学生层面等多个维度。从教师层面来看,教师的教学理念、教学方法和教师手段的使用都具有密切的联系,使得学生在教学中参与热情不高、意愿不强。教师要通过转变教学理念、优化教学方法、更新教学资源等多个维度进行改革探索,推进思政改革。在教学中,要立足国情、世情、社情、党情,讲清楚过去和现状中的"变"与"不变",引导学生把个人理想和民族复兴结合起来,承担起历史使命,就需要帮助学生培育正确的"三观",形成健全的人格,树立远大的理想,能够坚定正确的政治定力,在大是大非面前能够作出正确判断,自觉把爱国情、强国志和报国行融入社会实践中,做社会主义接班人和建设者。

思政课建设必须以巩固马克思主义意识形态阵地为重要建设内容,把习近平新时代中国特色社会主义思想贯穿于教学全过程,做到入教材、入脑、入心。把"四史"教育融入思政课教学中,不断提升学生对中国特色社会主义的认同,增强"四个自信"。不断讲好党的故事、中国故事,引导学生深刻把握历史发展脉络,正确认识历史和人民的选择,把握历史发展的主线和时代的主体。高校改革必须坚持正确的政治方向,坚定政治立场,增强政治责任感,不断筑牢意识形态的主阵地。

思政课必须培育学生对中国共产党和中国特色社会主义的认同。习近平总书记指出:"中国特色社会主义最本质的特征是中国共产党领导,中国特色社会主义制度的最大优势是中国共产党领导。"①课程改革中要紧紧围绕中国特色社会主义理论,讲清楚中国特色社会主义的来源、发展以及深刻的内涵,同时要把中国共产党领导中国人民进行革命、建设和改革讲清楚。引导学生坚定中国特色社会主义的共同理想,深刻理解中国特色社会主义社会的重要意义,不断为中国特色社会主义贡献力量。

(二)提升思政课教学质量

近些年,思政课已经越来越被各个高校所重视,思政课改革是提升思政课质量的根本。为此,各学校从师资队伍建设、教学团队的打造、课程建设等方面入手,以不断打造高质量的思政课为目标,真正让学生喜欢上、有收获。思政课建设要建设实现"知理论""懂方法""增情感"的课程。

首先,思政课成为"知理论"的课程。高校思政课对学生进行党的历史、理论、路线、

---

① 《在庆祝中国共产党成立九十五周年大会上的讲话》(2016年7月1日),人民出版社单行本,第22页。

方针、政策、思想道德、法律基础教育,帮助学生增长知识、开阔视野,准确把握我国社会发展的大势,正确看待中国共产党领导中国人民的奋斗历程。教师要把教材内容和具体现实紧密结合起来,把"文件"里的内容、教材里的内容转化为贴近学生的话语体系,帮助学生准确认识和深刻理解。这就需要教师进一步了解学情,把握学生的学习特点、思想动态,把理论内容与学生实际结合起来,通过对经典案例和现实困惑的讲解分析,引导学生透过事物的现象抓住事物的本质,从而达到"知理论"的目的。

其次,思政课应成为"懂方法"的课程。思政课教学不仅是让学生学会掌握理论的武器,更重要的是要在学习过程中学会学习方法,能够培养解决问题的思维方式。思政课要培育学生辨别是非的能力,保持战略定力的能力。青年学生正处于思想形成和发展的关键时期,就更需要培育一种明辨是非的能力。当前互联网成为生活的一部分,各种信息良莠不齐,极大影响学生的健康成长,需要能够在庞杂的信息中作出准确的判断。在今天中国开启社会主义现代化国家建设的新征程中,中国将面临更多风险挑战,反映在意识形态中将更为明显,因此通过思政课培养学生坚定的政治判断能力和政治定力显得尤为重要。这就要求教师要做到政治要强,能够应用理论对错误信息进行揭示和批驳,引导学生用马克思主义的立场、观点、方法看待问题、分析问题以及解决问题,自觉抵制错误观点、言论。同时要引导学生发挥课堂主体性作用,学会提出问题。教师要针对学生的困惑和现实热点问题,讲透其背后的原理,通过层层分析,展示思维过程,让学生感受到理论的魅力,并转化为自己分析问题的方法。

最后,思政课应该成为"增情感"的课程。思政课要增强学生对党和国家、对中国特色社会主义的认可,坚定社会主义共同理想和共产主义远大理想。通过思政课理论教学和实践教学,让学生知道"是什么""为什么""怎么做",更要引发学生情感的共鸣。例如在新冠肺炎疫情发生以来,用真实感人的现实故事,揭示中国特色社会主义制度优势。在中国共产党的领导下,中国抗疫取得了重大战略成果,同时也是世界主要经济体中唯一的正增长的国家。中国共产党带领全国人民能取得抗疫胜利也是坚持人民至上的理念,用实际行动彰显了人民性。教师通过鲜活的案例,把理论与学生的实际结合起来,引起学生的理性思考。从而,引发情感的震动,激发学生的价值认同,揭示深刻理论的同时引发学生情感的共鸣。

（三）坚持守正与创新

思政课是培养社会主义建设者和接班人的重要载体,也是我们党的历史上进行思想建设的重要经验。上好思政课就是要把过去的宝贵经验利用起来,用马克思主义理论教育人、引导人、武装人。同时,也要看到不同时代,青年学生面对的社会环境、学习环境等都有显著的差别,思政教育也要与时俱进,不断与时代相结合,符合青年学生的认知特点和规律,满足他们的现实需要,才能让教学主体有更多的体验感和获得感。

教学改革要从实际出发,从高职思政课学生特点以及课程规律认识基础方面,创新理论教学、实践教学的教学理念、教学方法、教学手段、学习方法等内容,使教学更贴近学生实际,满足学生成长需要,增强课堂教学的有效性。因此,思政课改革既要做到守正,也要实现创新,应从以下几个方面推进思政课的守正与创新。

1. 要创新教学理念

教学理念决定着教育者和受教育者的关系,影响教学活动开展的形式和方向。师生关系是教学理念中的重要内容,不同教育理念下形成不同的师生关系,如权威型、放任型、民主型、对抗型等。民主型师生关系以开放、平等、互助为其主要心态和行为特征,教师指导学生开展教学活动,帮助学生设立目标,并引导学生完成任务。权威型师生关系以命令、权威、疏远为其心态和行为特征,强调教师的主导性,忽视了学生在教学中的主体地位。放任型师生关系的特征是无序、随意和放纵,教师在教学中回避矛盾,对学生的态度与行为缺乏正确的引导,更没有针对性指导,师生关系僵化,教学活动易于沦为教师的独角戏。在对抗型师生关系中,交流基本中断,教学缺乏温度,学生没有热情,甚至双方出现明显矛盾,教学目标难以实现。当前,思政课教师面对"千禧后",他们思想观念呈现出价值追求个性化、信息获取方式多元化等特点,他们与父母之间形成一种平等、开放、民主、互动的亲子关系,因此该群体的学生更期待与教师建立平等、民主的师生关系。教师应该主动调整师生关系,以平等的、民主的态度对待学生,引导学生开展自主探索,大胆表达。实践证明,建立和谐共进的民主型师生关系,有助于提升课堂教学改革的成效,调动学生参与的积极性。

要把教师的主导性与学生的主体性结合起来。教师在教学中要应用多种教学方法开展教学,要"满堂灌",更要"精准灌",教学中引导学生发挥积极性,让学生开展自主探究,成为学习的主动者。过去,注重教师的"讲",学生被动听课,常常表现出较低的学习兴趣,课堂效率低下。发挥学生的主体性作用,就要树立"以生为本"的教学理念,在教学设计和实施中,采用探究式教学、翻转课堂教学等方式,这就要求教师要对学生有更多了解,包括学生学习基础、专业背景等,抓住学生言行特点和学习习惯,才能做到因材施教,满足学生的学习需要。教师对学生缺乏了解,教学针对性不足。思政课是对学生进行思想教育、价值引领的课程,教师对学生的教育行为需要贴近学生的实际需要,依据学生学习基础、学习能力、学习特点以及专业特点,开展针对性教学,帮助学生答疑解惑,能够作出科学判断,形成正确的"三观"。在教学设计中,教师由于对学生专业背景、学习基础等基本信息掌握不足,在教学资源、教学案例选择、方法使用、教学手段使用上难以满足不同专业、不同年级、不同层次的学生的诉求。在教学实践中,教师与学生互动主要集中在课上,课前、课后与学生互动不足,难以了解学生的思想动态和现实需求,难以形成有针对性的教学。因此,教学中既没有抓住学生的"兴趣点",也没有解答心中的"困惑点",教学缺乏针对性,使得学生在课堂中获得感不足,往往以消极态度对待课堂,这样课堂演化成为教师的独角戏。

2. 重视实践教学,创新实践教学方式

实践教学环节是思政课重要的教学环节,是学生理论联系实际、理论应用于实践的现实需要,帮助学生在实践中培养自主学习、独立思考、解决问题的能力,也是学生深入了解党情、国情、社情、民情的重要途径。从学生实践的场所来看,实践可以划分为课堂、校园以及社会实践三种类型。校园实践主要是学生通过分小组形式按照教师要求完成相应的实践任务,如开展调查报告、读书报告、视频呈现等多种形式。思政课教师可以设计更多符合教学实际和学生现实的实践项目,如开展社会调研,学生组成6~8人的学习小组,选择贴近学生现实的话题,通过问卷调查、实地采访等多种形式,形成完整的调查报告。有教师开展"时事评论",教师每节课拿出5~10分钟的时间,学生根据当前阶段发生的热点事件进行分析、点评。学生需要提前一周选择话题,并搜集、整理相关资料,形成自己的心得体会,撰写相应的新闻评论,培养学生独立思考能力、理论应用能力、表达能力,增强社会责任感。社会实践,教学实效性强,但是其受到场地、经费、安全等多方面因素制约,学生覆盖面小,实施难度大,因此创新高质量的课堂、校园实践活动成为思政实践教学的方向。

把课堂实践与第二课堂、社会实践结合起来,构建起多层次的实践教学体系。学生不断在实践中,悟原理、感真理、增本领、强共感。探索思政课堂与其他团学活动协同育

人实践,广泛开展学生活动,如重大纪念活动、演讲比赛、红歌比赛、志愿者活动等,不断丰富学生实践内容,实现课内与课外的联动。

3. 创新教学方法

教学方法改革始终是教学改革的重要内容,探索符合高职思政课教学规律以及学生学习特点的教法、学法,对思政课改革具有重要意义。思政课是立德树人的关键课程,要通过改革教学的办法,借助信息技术手段、构建双向互动教学模式,激发学生热情,为思政课教学注入新的活力。过去在思政教学中,一些教师忽视教学主体,教学中采取填鸭式教学方式,学生课堂参与度低,对一些理论性、抽象性的内容难以理解,久而久之对思政课失去了兴趣。课堂不仅仅是教师一个人的"独角戏",而是广大学生参与其中的"大剧",帮助学生开展自主学习,独立思考,形成解决问题的能力。当前一些院校推行"翻转课堂""对分课堂"等新型教学模式,并取得了明显成效。两者都是充分发挥学生的主体性作用,突出学生的"学"。

此外,专题式教学法、问题链教学法、案例式教学法也被广泛使用,也为思政课教学方法改革提供了新的思路。专题式教学是指根据教学内容,对教材体系按照一定的逻辑、规则进行重构,形成一个个既独立又保持内在联系的教学框架。专题式教学通过打破原有教材体系,围绕教学大纲中的各章节的教学内容、重难点,厘清内在逻辑脉络,对教材进行凝练,实现资源整合、优化,构建新的教学体系,使教学主题更加鲜明。问题导学就是教师在授课过程中以问题为导向,开展教学活动,通过构建问题链的方式,构建起教学重难点框架,并对问题逐一进行分析、解决,培养学生提出问题、思考问题、解决问题的能力,增强学习的有效性。案例教学法是教师在授课过程中,以典型案例为主线,引导学生围绕案例进行思考、分析、总结,加深对所学知识的理解。案例教学把"教"与"学"结合起来让学生主动参与到课堂活动中;理论与现实结合起来,通过典型的案例使抽象的理论更为通俗;把知识传递与能力培养、情感共振结合起来,更好地实现立德树人的任务。案例教学法需要注意以下几个问题。一是案例选择要精心,既能反映教学主题传播正能量,也要贴近学生现实,引起思考,服务教学。案例选择坚持政治性、思想教育性、现实针对性、启发思考性,避免案例选取随意化、娱乐化、迟滞化。二是案例教学法应当突出学生的主体地位。案例教学需要师生共同完成,而不是简单举例子。教师引导学生主动参与案例选择、案例使用到案例分析的过程中,充分调动学生的积极性。三是教师要发挥主导作用,精心设计教学、把控教学节奏、进行教学反思、优化教学案例,把对学生的放与管结合起来。

4. 创新教学手段

当前,信息技术已经深刻影响着学生的学习方式、生活方式、思维方式,思政课教师应当主动创新教育载体,将学生喜闻乐见的新技术融入教学活动中,积极探索线上和线下相结合的教学方式。为了适应新的教学需求,学校要加大智慧校园建设,加强网络基础设施建设,为提升课堂信息化水平提供保障支持。学习平台开发要贴近实际,方便师生操作使用,实现技术服务教学。同时学校要建立面向师生的线上学习平台和数据中心,实现数据集成和融合,整合形成学生教育管理的大数据。学习平台开发,既要满足学生线下学习需要,同时也能成为课堂教师授课辅助的工具,如发起点名、话题讨论、投票、抢答等功能。

学校支持建设智慧教室,引入新技术应用于思政课堂,为教学创设更为贴近教学的情境增强学生的身体体验,加深对理论学习的认识。教师要结合学生特点,善于把自媒体等新技术如 QQ 群、微信群、抖音等应用于教学活动中。在教学过程中,要探索开展线上教学与线下教学相结合的方式。

5. 加强教学资源的开发和更新

优质的教学资源是高质量教学的必备内容,教学团队以及教师本人要参与到资源库构建中,要善于把案例"讲出来""讲动听"。优质教学资源是教学实施过程中重要的载体,能够帮助学生创设出良好的教学情境,把深刻的理论外化为具体形象,从而有助于教师引导学生由感性认识上升到理性认识。优质教学资源的挖掘离不开教学团队的共同开发和优化,只有持续性地更新,才能满足现实发展的需要。围绕"毛泽东思想和中国特色社会主义理论体系概论""思想道德与法治""形势与政策"等思政课程,积极开发线上精品课程,引入优质的思政课。形成包括文本类、图片类、音频类、视频类、动画类等多方面素材,涵盖课件、案例、单元测试、教学视频等多个板块的教学资源。

在实际教学中,教学团队在教学资源开发方面协调性、统一性不足,教师在教学中各自为战,限制了优质教学资源的开发、整合以及更新。此外,教师的优质资源共享不足使得教学资源重复建设,同质化现象严重,极大限制了高质量教学资源的开发。教师在资源使用上没有进一步加工,没有结合学生具体特点和教学实际,资源内涵挖掘不深刻。

6. 加强集体备课和开展教研活动

最后,教师在教学中要将现实热点和最新文件精神、会议精神等融入教学活动中,就需要教师加强理论研究。一方面，要深耕教材，吃透教材的重难点，不断把教材体系转化为教学体系，从而实现学生价值体系的转化。另一方面，要加强教学研究，以问题为导向，积极开展课程改革，解决现实问题。

7. 创新考核方式

过去思政课对学生的评价主要依赖学生的期末成绩，忽视了学生日常学习状态，无法客观、全面地反映学生学习成效，以至于形成了一种重结果、轻过程的错误导向，影响学生的学习效果。随着教学改革的推进，需要改变过去单一的评价方式，建立立体的、多元的评价机制，既有对学生学习结果的考查，也突出了对学生学习过程效果的反馈。

对学生的考核分为四个部分：一是课堂学习表现，包括学生出勤、课堂纪律、课堂互动参与、作业完成等情况；二是在线学习表现，包括教学视频的学习、教学资源的点击以及其他学习任务的完成情况；三是学生的社会实践；四是期末考核。其中前三部分属于对学生的过程性考核，要充分利用学习平台大数据，为教师对学生的考查提供技术支持，减轻教师对学生分数的核算负担。期末考试，要建立在线电子题库，实现无纸化考试。通过建立立体考核方式，能更客观地评价学生学习成效。

第二节　师资队伍建设是核心

在学校思想政治理论课教师座谈会上，习近平强调"办好思想政治理论课关键在教师，关键在发挥教师的积极性、主动性、创造性"。现阶段学校在思政课教师队伍建设方面存在着薄弱环节，如"教师选配和培养工作还存在短板，队伍结构还要优化，整体素质还要提升"，并对思政课教师素养提出了六个方面的要求，即"政治要强、情怀要深、思维要新、视野要广、自律要严、人格要正"。因此，建设一支高精尖的思政课教师队伍成为各高校推进思政课建设与改革的必然要求。此后，在《关于深化新时代学校思想政治理论课改革创新的若干意见》《新时代高等学校思想政治理论课教师队伍建设规定》等文件中对思政课教师队伍建设从壮大教师队伍、提升队伍素质、改革评价机制、加大激励力度、加强后备人才培养等方面提出了明确的方向和具体的要求。可以说，师资队伍建设是推进高职院校立体化教学改革的核心。

一、加强高职思想政治理论课教师队伍建设的必然性

(一)加强思政课教师队伍建设事关意识形态主阵地建设问题

思政课是巩固马克思主义在高校意识形态领域指导地位、坚持社会主义办学方向的重要阵地,思政课建设质量直接关系着意识形态阵地的巩固程度。高质量的思政课离不开高精尖的思政课教师队伍。思政课教师的首要职责就是上好思政课,回答好"培养什么人、怎样培养人、为谁培养人"这个根本问题。中国当前处在中华民族伟大复兴战略全局和世界百年未有之大变局之中,意识形态领域会出现更多新情况、新挑战。在移动互联网时代,网络上信息鱼龙混杂,混淆视听,其中一些违背社会主义核心价值观的观点甚嚣尘上,影响学生正确价值观的培育。思政课既要立足理论,又要贴近现实,为学生答疑解惑,以正视听,筑牢意识形态的铜墙铁壁。思政课作为高校意识形态教育的主渠道,必须做到守土有责、守土负责、守土尽责,加紧高职思政课教师队伍建设,以打造更高质量的思政课。因此,建设一支政治强、理论硬、素质高的思政课教师队伍对落实职责使命,推进学校思政课立体化改革具有重要意义。

(二)加强思政课教师队伍建设增强思政课课堂学生获得感

思政课教师队伍建设是推动教学改革,提升教学质量的关键。互联网时代信息高度发达,学生获取信息的方式更为多样、迅速、便捷,学生对教师课堂的内容"不感冒",甚至不以为然。教师面临着与手机争夺学生的现实,不仅要通过规则规范学生,更需要以课堂的兴趣来吸引学生。学校要加强队伍建设,发挥教师的积极性、主动性、创造性,能够抓住学生痛点,突出课本重点,解决教学难点,回答现实困惑点,以亲和力吸引学生,以理论魅力抓住学生,不断打造"金课",消灭"水课",提升学生在思政课堂的获得感、认同感。

(三)加强思政课队伍建设推动立体化教学改革

思政课教学要向改革要活力,在"三教"改革中,教师是关键。加强队伍建设是落实《关于深化新时代学校思想政治理论课改革创新的若干意见》《新时代高等学校思想政治理论课教师队伍建设规定》的必然要求,以教师队伍建设推动教学改革创新,探索和培育

优秀教学方法,建设理念科学、形式多样、管理有效的思想政治理论课课堂教学体系。习近平在学校思想政治理论课教师座谈会中,提出"不断增强思政课的思想性、理论性和亲和力、针对性",并针对思政课教学改革提出了八个方面的要求。这就需要教师教学功底扎实,理论应用娴熟,教学手段多样,教学方法创新,做到因事而化、因时而进、因势而新。

二、现阶段高职院校思政课教师队伍建设存在的问题

(一)高职院校教师体制机制建设待完善

党的十八大以来,以习近平同志为核心的党中央高度重视思政课建设,并作出一系列重要的部署。各高校高度重视思政课以及思政课教师队伍建设,很大程度上扭转了思政课边缘化的局面。过去高校对思政课顶层设计重视不够,在思政课教师队伍建设上也存在着短板,特别是思政课教师准入与退出机制、培训与交流、管理与考核等制度不够完善,一定程度上限制了教师的积极性、主动性、创造性的发挥。

1. 准入与退出机制不清晰

科学的准入与退出机制是建立一支良好的思政课教学团队的关键,促进思政课建设良性发展。由于一些院校对思政课认识不够,未能认识到其对教师政治性、理论性、专业性等方面要求较高,沿用错误思维,教师进入把关不严,使得许多缺乏相关学科背景、政治性不强、理论性不强的教师加入到思政队伍中,存在校内教师转岗为思政课教师或兼任思政课教师随意化的现象。许多院校尚未建立思政课教师退出机制,有些退出机制设定上具体要求不明确、量化标准模糊、设置底线较低。同时,也存在教师退出机制设立标准高,脱离学校实际,影响教师的职业发展。

2. 培训与交流机制不完善

近些年在政策敦促下,各高校根据全日制在校生总数,严格按照师生比不低于 1∶350 的比例补齐专职思政课教师岗位。大量的新进教师需要尽快成长,站稳讲台。一方面,需要教师依靠自身努力不断提升自我素养;另外一方面,离不开学校的培养培训。现阶段,对上级主管部门组织的各层级的思政培训逐渐完善,但受到名额限制、教学安排冲突等要素影响,覆盖面依然不够。一些院校组织的培训质量不高、流于形式、次数频繁,没

有根据实际建立更有针对性的教师教学、科研方面培训机制,不能达到培训效果。同时具体培训的形式较为单一,多为报告、讲座,对外交流、实地考察、实践研修等形式的培训活动开展较少。

3. 管理与考核评价制度不健全

马克思主义学院等思政课教学科研机构统一管理是促进思政课队伍健康发展的重要保障,"单兵作战""分散行动"终究难以形成强大的战斗力。部分学校尚未形成统一管理机制,在队伍建设方面缺乏长远规划,沟通协调不足,教学监督不够,课程团队建设滞后,教学创新与改革难以实施。同时建立合理的考核制度从教学、科研、师德师风、政治素质、思想素质、学生工作等多方面考核,尚未建立新的思政课教师教学和科研成果认定制度、健全思政课教师职称评价机制等,以新考核评价机制为导向激发教师活力,破除唯分数、唯升学、唯文凭、唯论文、唯帽子的顽瘴痼疾。一些学校依旧沿用过去的管理和考核评价办法,没有建立符合思政课教师职业特点和岗位要求的职称评聘标准与评价机制,依旧重科研轻教学。岗位津贴制度、激励奖励机制方面未能按照文件要求落实到位,思政课教师地位改善不明显。

此外,在制度执行层面,一些学校存在口号多,行动少,表面重视,实际敷衍的现象。这就使得本不完善的顶层设计又大打折扣,阻碍了学校思政课教师队伍的良性发展。

(二)高职院校思政课教师队伍存在的问题

1. 思政课教师结构不合理

近些年,各高校加大对思政课的重视力度,部分院校大量引进思政课教师充实思政队伍,逐步达到师生比要求。思政课教师队伍的快速扩张,带来了教师队伍结构失衡的问题。从年龄结构看,形成老教师与新教师两大主体,中间年龄的教师数量明显不足,甚至出现年龄断层,呈现两极化现象。随着老教师退休离岗,而新教师又未能承担重任,这势必影响思政课的健康发展。同时,教师的职称结构也出现失衡,高级、中级、初级职称比例失调,高级职称与初级职称人数较多,出现两头大、中间小的师资结构。同时在教师晋升中级职称过程中,出现"千军万马过独木桥"的现象,一定程度制约了教师的发展。从学科背景来看,存在两种相反的状况需要改善,一种是思政课教师队伍学科背景单一,主要集中在马克思主义理论专业,历史学、法学、哲学等相关学科背景的教师不足,在科研和教学方面存在相关理论的短板。另外一种状况就是,思政课教师队伍学科背景复杂,大量非思政课及相关学科背景的教师补充到思政队伍当中,由于部分教师理论知识薄弱、政治素养欠缺、学科认识不足,这就极大制约了教学的实施效果与改革创新步伐。

2. 思政课教师数量相对不足

近些年各高校加大对思政课教师的引进,解决了教师绝对短缺问题。但教师相对短缺的现象会长期存在。一方面,学校招生规模的扩大与教师人数招录不同步,会出现配备不足现象;另外一方面,随着思政课教学改革的推进,建立更为完善的思政课教学体系、推进小班化教学等举措,思政课教师的缺口会进一步放大。此外,一些学校思政课教师流失较为严重,进一步减少了教师数量。因此,思政课教师的相对不足,在很大程度上加剧了单个教师的教学任务,减少了教师在教学备课、教学研究等方面的时间投入,制约了思政课的质量提升和教师的个人成长。

3. 思政课教师个人素养有待提升

在学校思想政治理论课教师座谈会上,习近平总书记针对思政课教师素养提出"六个要"要求,思政课建设离不开一支可信、可敬、可靠,乐为、敢为、有为的思政课教师队伍。对标"六个要"要求,现阶段一些高职院校思政课教师存在政治素养不硬、家国情怀不深、理论素养欠缺、思维不新、视野不广等问题。

政治素养不硬。思政课首先要旗帜鲜明地讲政治,巩固马克思主义在高校意识形态领域的指导地位,坚持社会主义办学方向的重要阵地。思政课教师作为课程承担者,需要具备过硬的政治素养,表现出坚定的政治信仰、政治定力、政治敏锐性和政治担当等政治品质。当前存在少部分思政课教师缺乏马克思主义的信仰以及社会主义和共产主义的信念,难以为学生播下信仰的种子,甚至一些错误的言论会引起学生思想的混乱;政治定力不强,立场不稳甚至偏离正确立场,背离了思政课教学的宗旨;政治敏感度不高,一方面是在重大政治事件、社会热点事件中缺乏底线思维应用以及理论应用,对事件本质缺乏深刻认识,另外一方面就是对中央最新文件精神、总书记最新讲话精神的重要性认识不到位,不能及时融入教学内容中。此外,马克思主义理论应用不足,难以支撑起教师的政治素养。

家国情怀不深。思政课是一门有温度的课,思政课教师在课堂上展示出来的情怀最能打动人。习近平总书记指出:"思政课教师要有家国情怀,心里装着国家和民族,在党和人民的伟大实践中关注时代、关注社会,汲取养分、丰富思想。"①一些思政课教师本身对家国情怀理解不深,在讲课过程当中注重引导学生关注自我成长,而缺乏关注时代、民族、国家等宏大的视野,没有将朴素的爱国情感升华为家国情怀,从而激发学生主动将自我价值融入国家发展的壮阔蓝图中。同时空洞的情感说教又难以引起学生的共鸣,教学效果受到影响。

思维不新。思政课教学是创造性很强的工作,需要充分用创新思维、辩证思维,推进教学方法、手段的创新,不断适应形势发展需要,以新理念、新方法完成"立德树人"的任务。一些思政课教师,忽视教学研究,知识体系更新不及时,教学方法陈旧,对新的教学手段生疏,教学脱离学生需求、现实生活,既没有针对性也缺乏亲和力。

视野不广。习近平总书记提出思政课教师要具有"三个视野":广博的知识视野、宽广的国际视野以及深厚的历史视野。这就要求思政课教师不仅要具备扎实的思想政治理论素养,同时还需要加强学习不断拓宽视野,做复合型教师。而当前许多教师知识结构单一,加之所授课程单一,很难将"四史教育"以及"相关专业知识"融入课堂中,影响课程思政的实施效果。

自律不严。教师是学生的榜样,更应该以身作则,加强自我管理,严格遵守道德规范和法律规章,不断提高自我修养。生活工作当中,思政课教师要知行合一,做到课上课下一个样,线上线下一个样。然而在实际中,一些思政课教师理想缺失,讲课"照本宣科",课后"我行我素",学生就难以"真信""真懂"。

人格不厚。整体来看,思政课教师具有较高的人格素养,能够以高尚的人格来感染学生,引领学生,增强了思政课的实效性。但近些年来,高校中师德师风失范事件时有出现,思政课教师也同样存在这样的问题。一些思政课教师无视《新时代高校教师职业行为十项准则》要求,在课堂教学、学术科研等方面触碰红线,突破底线。学生不仅不能从教师的言谈行为中获取正能量,还影响了健康成长。

三、加强高职思政教师队伍建设举措

十八大以来,中共中央对思政课建设高度重视,思政课地位不断巩固,思政教师职业

---

① 习近平.思政课是落实立德树人根本任务的关键课程[J].实践(党的教育版),2020(9):4-11.

归属感、职业信心也不断增强。十九大以来,中共中央、国务院、教育部等部门针对思政课建设中存在的短板,相继出台重磅文件,加快推进高校思政教师队伍建设,教师数量和素养不断提升。同时还存在着制度层面、教师队伍层面以及教师个人素养层面的问题需要进一步破解。

（一）加强学校层面的制度设计

各高校要紧紧围绕《关于深化新时代学校思想政治理论课改革创新的若干意见》《新时代高等学校思想政治理论课教师队伍建设规定》等文件要求,加强学校关于思政课教师准入与退出机制、培训与交流机制、考核与评价机制等制度的顶层设计,既要体现文件精神,也要贴近学校实际,为思政课教师队伍发展提供坚实保障。

健全思政课教师准入与退出机制。明确准入与退出标准,细化专职教师与兼职教师准入与退出标准,设置学科背景、政治面貌、学历学位等方面的门槛,选拔符合思政课要求的教师。机制设置要充分考虑特殊情况,如相关学科优秀教师、党政管理干部转岗为专职思政课教师,地方党政领导干部、企事业单位管理专家、社科理论界专家、各行业先进模范担任兼职教师等。同时要建立调节机制,形成周期性调节与特殊调节结合的机制,保证制度设计既有稳定性也能不断满足队伍建设的实际需要。此外,要形成制度执行机制,保证制度落地实施。一方面要建立监督机制,保证"进、退标准"有执行,进入之前有预防,退出之前有预警。对标准执行不到位的,要督促反馈,对整改落实不及时的,要追责问责。另一方面要建立协调机制,形成党委统筹,部门联动,制定规范流程,保障制度执行。

完善教师培训与交流机制。建立学校、学院、教研室"三位一体"的培训层级,学校教学主管部门和科研主管部门要面向全休教师开展统一培训,马克思主义学院要针对新进教师进行重点培训以及专题培训,全面提升教师的教科研能力,同时教研室要建立"老带新"传帮带、听评课等制度,帮助教师成长。从培训内容来看,要覆盖理论学习、科研提升、新技术应用、教法探讨、公开示范等,同时也要注重对教师职业素质、综合素质的培养。探索校级交流机制,特别是选派教师赴国内重点马院学习交流机制,在校级交流中提升教师素养。建立培训保障机制,平衡教师培训与教科研之间的关系,适当为教师减负,为教师培训提供时间精力保障。

健全管理与考核评价机制。各高职院校推进马克思主义学院建设,形成统一管理机制。按规范建设教研室(组),所有思政课教师(含兼职教师)要有明确的教研室归属。教研室负责各课程的教学管理,开展集体备课、教学改革创新等教科研活动。建立起全员、全过程、全方位的管理,确保顶层设计有谋划、执行落实有监督、反馈整改有实效,形成团队合力。

在考核与评价方面,要积极探索突出思政课教师职责的考核标准,坚持"六个要"导向,把定量考核与定性考核相结合,建立新的思政课教师考核与评价机制。对思想素质、政治素质、师德师风等方面存在突出问题的,实行考核中"一票否决"制。重视思政课教师的教学情况,完善教学质量考核机制,把评价结果与绩效考核、津贴分配等挂钩,同时作为教师职称评定的重要参考。确立新的科研成果认定制度,鼓励教师发表高质量科研成果,并给予相关的教师更高的奖励。健全思政课教师职称评价机制,按要求成立思政课教师专业技术职务(职称)评审委员会,实现评定的单列。建立以同行专家评价为主的评价机制,突出思政课的政治性、思想性、学术性、专业性、实效性。在思政课教师的评价中提升对教学和科研的质量要求,同时加大聘期内的考核。此外,建立合理的激励机制,通过建立事业激励,增强教师职业认同感和归属感,把个人发展与职业发展紧密结合,对职业未来充满信心。通过情感激励,为思政课教师教学和科研的开展创造良好的环境,提升思政课教师地位。建立合理荣誉体系,激发教师不断实现自身价值。不断优化绩效考核机制,提高教师收入。

(二)加强思政课教师的队伍建设

教师队伍建设是思政课改革创新的核心,青年教师队伍建设成为关系思政课改革未来的关键。现阶段,在一些高校思政课教师师资结构不合理、教师相对不足的大背景下,青年教师迅速成长,就尤为紧迫和重要。通过多途径、多层级培养提升青年教师的综合素养,以更高质量的思政课堂补齐思政队伍结构问题。在思政队伍建设方面,要着力提升教师的政治素养、理论素养、教学素养、品格素养等。

1.优化师资结构

合理的师资结构是推动思政课建设的重要环节,建设一支年龄结构、职称结构、专业结构、能力结构合理的思政队伍,才能更好地实现改革的可持续发展。当前,部分高校存在思政课教师的队伍不合理的问题。例如,青年教师迅速增长,但教学经验欠缺,教学能力有待提升,需要加大对思政课教师的培训力度。通过建立有效的传帮带制度,请行业专家、老教授帮助青年教师在教学和科研方面快速成长，不断提高专业素养和理论功底。学校要为青年教师提供更多实践研学机会，使他们开阔眼界，强化职业使命感、责任感，树立学科自信。

2. 配齐配足思政课教师

思政课教师是推动课程建设的关键，其中充足的教师配置又是思政课教师队伍建设的重要前提。学校要积极贯彻执行国家和省市要求，加强思政课教师队伍建设，按照国家对思政课教师的比例要求，配足配齐思政课教师，并根据学校发展需要，做好思政课教师队伍建设的长期目标和远景规划。同时把加强思政课教师队伍建设与其他思想政治工作队伍建设协同起来，建立一支高水平、能战斗的思政课教师队伍。

3. 提升思政课教师的综合素养

以"六个要"为要求，不断提升思政课教师的综合素养。要将政治意识贯穿于教师的准入、培训、考察、培养、考核、退出的全过程，形成一支政治品质经得住实践检验的思政课教师队伍。加强马克思主义经典理论学习，以透彻的理论学习，引领教师政治素养的提升。

提升教师的教学能力。教师的教学能力是高质量完成教学任务的前提，教师要加强"教材"研读和经典理论学习，使教学功底扎实。加大对思政课教师的培训力度。对青年教师特别是新进教师，建立学院、学校和省级等多层次的培训计划，尽快提升思政课教师的"六个要"素养。学校思政课主管部门，根据实际情况，形成融合国家、上级教育部门、学校等多方面的资源，建立本校思政课教师的理论学习方案，为思政课教师教学改革创新提供支持条件，组织培训新理念、新方法、新技术，不断武装教师。同时要加强实践培养，通过实地考察、走访交流、经验分享等多种形式的实践活动，激发社会主义和共产主义的情感，增强理想信念。把讲课、听课、集体备课三者结合起来，在听评课中，发现自身教学短板，并根据教学反馈不断调整教学内容、教学风格。此外，通过以赛促教，鼓励青年教师积极参加各级教师教学能力大赛，通过不断磨课，提升教学技能、教案制作能力、课件制作能力等，从而达到以赛促教的目的。

提升教师的科研能力。科研是推动教学改革的重要动力，教师的科研能力是推动教学创新、提升教学有效性的重要方面。建立科研团队和平台，围绕特定教学问题展开科研，创造良好学术氛围。并把教科研团队和平台建设，纳入年终绩效考核，鼓励教师积极开展团队活动。积极促进科研成果转化,解决教学中的理论难点,为教学开展提供更有力的支撑,同时推进理论教学和实践教学的创新变革。建立相应的激励机制,鼓励教师开展科研工作。

加强师德师风建设。思政课教师主管部门要定期开展师德师风教育培训,既要正面引领,也要反面警示,不断筑牢思政课教师品格阵地。思政课教师要增强自律意识,并自觉践行到工作和生活中,坚持课堂讲授有纪律,公开言论守规矩;做到爱护学生,传播正能量;为人正派,作风优良。不断用高尚的人格感染学生、赢得学生。要有学识魅力,用真理的力量感召学生,以深厚的理论功底赢得学生。

高职院校思政课教师队伍建设对于推进思政课改革具有重要意义。学校应立足于立德树人的根本任务之上,加强思政课教师队伍建设,为教师的迅速成长提供一个良好、宽松的环境。教师要不断以"六个要"为要求,提升自身素养,做学生喜欢的好教师。

第三节　协同校内资源是关键

思政课是落实立德树人根本任务的关键课程,提升思政课的实效性,离不开校内资源的协同。现阶段,一些学校存在着校内联动不充分,育人体系不够健全,育人资源分散、封闭,专业与部门尚未形成合力等问题,导致优势资源尚未转化为育人资源,育人质量受到影响。因此,在推进立体化改革中,协同校内资源形成合力成为关键。围绕以提升实效性的目标,实现多主体、多元素共同协作、相互补充、相互配合。

一、育人资源类型及其整合

协同校内资源就是对校内资源包括课程资源、校园文化资源等,进行"识别与选择、汲取与配置、激活和融合,使之具有较强的柔性、条理性、系统性和价值性,并创造出新资源的复杂的动态过程"[1]。协同校内资源要着力从以下几个方面入手:一是实现人力资源

---

① 饶扬德.企业资源整合过程与能力分析[J].工业技术经济,2006(9):72-74.

的利用,在课程思政的背景下,实现思政课与专业课的同频共振、相向而行,离不开专业课教师。专业课教师树立课程思政的意识,积极在专业课教学中践行德育使命。二级学院以及教学主管部门积极推进课程思政建设,建立课程思政的教学团队专门负责本学院的课程思政建设,定期围绕课程思政开展专题教研活动。校职能部门如学生工作部、校团委等加强育人导向,以及信息沟通、经验交流、资源共享。同时加强思政课教师与专业课教师沟通机制,形成教学团队的互补。二是实现思政课与专业课课程思政的资源共享平台。课程思政与思政课程的核心是育人,因此二者在任务与目标、内容和方向等方面存在本质联系。在教学资源构建方面有共性之处,通过建立资源共享平台既能加强思政课教师对专业知识的认知,同时也能帮助专业课教师提升思想理论素养。三是整合学生实践教学平台,学校在建立思政实践平台的同时统筹其他实践平台如大学生创新创业项目、志愿者服务、三下乡等项目,实现实践的联通。建立思政课实践与专业实践课之间的联系,整合实践项目,实现更有效的实践效果。四是硬件资源的协同,创立良好的育人氛围。校园环境具有突出的育人功能,加强学校硬件资源建设,营造良好的学习氛围。学校在图书馆建设、体育场馆建设、宣传栏建设、教室硬件建设等方面体现思政育人元素。

协同校内资源是对现有资源的梳理、重构、再造的一个过程,最终实现资源合力服务学校思政资源利用率,提升思政教育效果。协同校内资源也要充分考虑学校资源类型,并受到整合主体认识水平和方式方法的影响。从思政资源类型来看,学校思政资源禀赋好、校园文化建设充分、资源集中、规章制度完善,有利于思政资源的获取与整合,相反则影响整合的水平和效果。从整合主体来看,科学的整合观、有效的整合方法以及部门协同能力都影响着整合效果。除此之外,资源整合还受到资金、技术等因素影响。在资源整合中,要充分考虑影响因素及彼此之间产生的联系和影响,因校制宜,实现整合效果的最大化。

二、协同校内资源面临的困境

校园思政育人资源丰富多样,但存在部门之间协同性弱、资源利用率较低、优质资源供给不足等现实问题,协同校内资源需要从困境着手,破解校内资源协同瓶颈。

首先,校内资源整合度不高,部门协同性弱。思政资源作为一种重要的育人资源,为各个高校所重视。学校各二级学院、马克思主义学院、学工系统、党团系统等都积极进行思政资源建设,然而部门之间在思政资源建设中缺乏统一安排,建设过程各自为政。这就出现几个方面的问题,一是思政资源重复建设,高质量资源供给不多。二是资源共享性不足,缺乏学校层面资源库建设,各部门资源开放性不足,配置率不高。例如,在课程资源建设方面,思政课教师和专业课教师各自为战,未能形成有效链接,实现服务于双方的思政教学资源,也是推动学校进行课程思政建设的重要抓手。三是对思政资源建设缺乏整体性规划,需要进一步构建起学校层面的协调小组,在资源规划、建设、分配等方面进行统一管理,加强高质量思政资源的建设。

其次,资源利用率不高。各部门在资源建设中缺乏长远规划,资源建设周期性短、服务对象有限、更新不及时,这就出现部分资源年年建设、重复建设,资源质量没有明显提升。缺乏对原有资源进行深入挖掘和升级,使得部分资源未得到重复利用。同时由于资源的封闭性,部门之间资源未实现贯通,资源仅向有限的群体开放,使得资源利用大打折扣。

再次,高质量的思政资源供给不足。学校重视思政资源建设,各种类型资源丰富,但对资源的内涵挖掘和衍生不足,资源零散分布,尚未形成资源合力。思政资源缺乏针对性,没有密切联系学生专业背景,资源更新滞后,难以满足师生学习需求。高质量的资源离不开多部门的合力打造,从而形成各有侧重、层次多样的思政资源。对思政资源建设尚未形成相应的激励机制。

最后,教育主体之间的联系相对不足。教育是一个全员参与、相向而行、共同合力的结果。协同利用教育资源,就需要把教育资源的供给者调动起来,把思政工作者和学校的其他教师、后勤人员联动起来,显性资源和隐性资源结合起来。现阶段,思政资源的开发更多重视显性资源,隐性资源开发不足,并且依赖思政工作者,其他工作人员对此关注度不高。

三、协同校内资源的路径

协同校内资源需要形成校级层面的协调小组,统一推进学校思政资源的整合。一方面要对现有资源进行重组、融合,并建立开放式思政资源平台,为广大师生提供学习资源。另外一方面就是要积极构建动态、发展资源机制,鼓励高质量思政资源的开发。

首先,要建立校内思政资源协同机构和机制。高校应该认识到建设高质量的思政资源对于思政教育创新发展的重要意义,而高质量的思政资源建设离不开学校对思政资源建设的统筹管理。建立以校级领导为组长的领导小组,做好学校对于思政建设的长远规划,明确各部门在思政资源建设中的职责和要求,并逐步形成相应的协同机制、激励机制、监督机制、保障机制等。一方面需要构建校内资源协同育人的方案,明确在课程资源建设和校园文化资源建设等不同方面的标准和具体要求,明确各部门在协同育人中所承担的责任。另一方面要形成相应的激励机制和惩罚机制,鼓励各部门和教师在做好本职工作的同时,积极发挥优势,丰富校园育人资源。对协同育人方面的落实情况纳入相关考核当中。

其次,对思政资源建设要加强管理。思政资源科学管理对于思政资源的开发和整合,满足师生的现实需要具有重要意义。一是要树立长远建设的意识,高质量系统资源建设需要在原有基础上不断迭代升级,而不是简单的资源扩充。要把现实发展需要和未来规划结合起来,形成动静结合、多维度、多层次的思政资源。二是要建立共享思维。在资源构建过程中,需要把资源的开放性、便利性作为重要的发力点,能够在硬件设施支持的范围以内,向学校师生开放,甚至实现校级间的开放。通过开放,实现资源的贯通,提升思政资源的利用率,推动共同构建高质量思政资源。三是要加强资源的共建,扩大资源供给主体。发挥思政工作者的主导性,提升其他工作者的参与度,鼓励学生发挥主体性,形成多主体参与资源建设。

校内资源主要有课程资源、校园文化资源等。对现有资源进行整合式开发,就是要根据现有资源的内容、特点、结构进行重构,形成课程之间、部门之间、主体之间的一个有效联动,更大范围地实现育人的协同推进,资源的共享共建共用。从课程资源来看,推进思政课程与课程思政资源的有效衔接,通过构建专业课教师与思政课教师的交流互动机制,打造课程思政资源库,为专业课教师提供更多思政素材,为思政教师提供更多专业课结合的案例,有效实现课程资源与思政资源的科学结合,有效提升课程育人的效果。推进课程思政建设是实现校内资源协同的重要路径,实现思政课与专业课教学目标与人才培养贯通。通过思政课教学目标与专业人才培养目标的贯通融会,构建以思政课为主阵地和主渠道的、凸显高职专业群特色的"课程思政"教学体系,以适应"思政课程"向"课程思政"的转型。建立推行"课程思政"的领导机构,形成由教学主管部门、学生工作主管部门、人力资源部门、各二级学院负责人组成的领导小组,制定推行课程思政的指导文件,形成"课程思政"运行机制,确保课程思政推行的规范化和标准化。以专业人才培养方案为依据,贯通"课程思政"教学目标。专业人才培养方案是实施人才培养和质量评价的基本依据。课程思政设置上依据人才培养方案,按照其专业人才培养目标与培养规格、课程体系、教学实施,结合《高等学校课程思政建设指导纲要》的要求,统筹制定各专业的课程思政目标,实现全面育人的要求。从校园文化构建来看,不仅要巩固马克思主义学院与学工系统、党团系统之间的协同,提升思政育人的协同性,校园文化活动开展和学生社团活动以及学生社会实践有效衔接,提升学生第二课堂育人效果。同时要加强后勤、图书馆、各学院之间的协同,打造服务于学生衣食住行全方位的、全过程的育人资源,构建起以思政课教师为核心主体,以辅导员为关键主体,以专业课教师、行政人员以及后勤人员等为重要主体的全员育人系统。

再者,要着力打造一批高质量的思政资源。思政资源开发利用,由量的发展逐步转向质的提升。在资源整合中,要对现有资源进行优化升级,尤其是对现有资源的提炼与升华,避免简单罗列和堆砌。在资源开发中要紧密结合地方红色文化资源、学校发展特色等,形成相关教学案例等,通过并阐释其内涵服务于学生思想成长。构建系统的思政资源库,实现思政资源的系统化结构化。同时要注重隐性思政资源的培育,把更多思政元素融入校园文化建设中,发挥隐性资源在思政育人中的重要作用,打造形成品牌影响力大、学生参与度广、社会认可度高的校园活动。

最后,要注重校外资源的引入。积极争取政府部门的支持,加强企业之间的联系,以及家庭和学校之间的密切联系,把更多校外资源转化为学校资源,服务于思政课教学。要争取政府在资金、项目、政策方面的支持,帮助学校构建校外实践实训基地,为学生开展实践活动提供多元平台。在加强企业合作方面积极推动产学结合,邀请行业楷模、技术巧匠走入校园分享职业成长方面的经验,带领学生走入工厂企业,深度了解企业,树立正确的劳动观。此外,要搭建学校和家庭之间沟通的桥梁,邀请家长走进校园,向学生分享相关经验,既为父母和子女间的沟通提供了平台,也丰富了教学资源库。

第四节　联动社会资源是支撑

思政课关系着培养什么样的人的重大问题,办好思政课不容易,这就要求学校不仅要加强校内协同,同时也要联动社会资源。关于高校思想政治教育资源,有学者指出即"在一定历史条件下,一切能够为高校思想政治教育工作者开发和利用的物质、文化和信息的总称"①。社会资源主体多元,资源种类丰富,包括地方文化资源、家庭资源、社区资源等多种资源,是教学资源的重要来源与补充。通过联动政府、企业、其他院校等主体,将优势资源融入思政课建设中,更好地推动思政课的改革创新。多方联动丰富教学资源、增加教学方式、创新实践课堂等,既能够为教师开展教学活动提供更多的支持,也能够帮助学生学习理论知识、开阔视野,增长知识、提升素养,提升应用能力,从而提升学生参与思政课的热情,实现立德树人的使命任务。

本节内容所探究内容是指高职院校以外的具有思想政治教育功能的物质形态或者非物质形态的资源,包括博物馆、纪念馆、烈士陵园、模范人物、行业楷模以及能够反映革命精神、地方文化的故事等。

一、思政课社会资源的内涵及特征

思政课社会资源主要是指校外相关资源可以服务于思政课教学,为学生提供更为丰富和多样的学习资源供给,服务于学生成长和理论学习,有效落实立德树人的根本任务,推动学校思政课改革创新。联动社会资源需要注意以下几个问题:一是相关资源必须与思政课教学联系密切,能够更好服务教学,丰富教学内容,而不是为了引入资源而引入,能够更助于实现师生之间的信息传递和思想交流。二是相关资源引入具有可操作性、延展性,能够实现校外资源走进校园或者学生走进其中,要根据现实条件,合理引入。三是校外资源引入教学,需要反复锤炼,不断挖掘其深刻内涵,通过对校外资源的再加工,使资源呈现形式、手段贴近教学实际、学生实际,最大限度发挥资源的育人功能,而不是生搬硬套,为了融入而融入。

把握校外思政教育资源特征对于梳理和利用校外资源具有重要意义。校外思政资源主要体现为以下几个特征:一是具有整体性与多样性的特征。各地校外思政资源丰富,包括红色文化资源、地方文化资源、企业文化资源等多种类型资源,虽然各种资源具有差异性,但同时各种资源又有内在的联系性,构成了统一的整体。协同校外思政资源,

---

① 陈万柏,张冬利.高校思想政治教育资源配置现状及对策思考[J].思想教育研究,2008(10):13-17.

就需要树立整体观。从整体性出发,把握不同类型的资源及其内在联系,让不同类别、不同形态的社会资源形成系统资源。同时要对各种资源中的思政元素进行归类,形成各有侧重的多样资源类型,以满足不同的教学需求。二是具有理论性与实践性。思政教学是理论性与实践性的统一。校外资源的利用既要服务于理论教学,通过情境教学、案例教学,帮助学生实现由感性认识到理性认识的飞跃,就需要校外资源与课程资源紧密结合,蕴涵理论性。同时校外资源是学生开展社会实践的重要载体和平台,为强化理论教学提供支持。三是具有显性与隐性的特征。一方面,社会思政资源反映一定历史时期的光辉事迹、奋斗历程、精神品质、思想观点、道德规范等,能够让学生直接感受到历史痕迹和精神力量,引发共鸣,强化教学理论。另外一方面,校外思政资源内容丰富,其内涵深刻,针对隐性内容,需要教师进一步开展研究,挖掘时代内涵,满足教学要求。四是具有中介性和可选择性。社会资源作为思政内容的重要载体,要根据教学实际进行选择,更好地服务教学,提升教学效果。

二、社会思政资源分类

根据学术界现有研究成果来看,社会资源分类一般分为地域文化资源、政府资源、家庭资源、社区资源、企业资源以及校外媒体资源等。

(一)地域文化资源

地域文化资源是社会思政资源的重要组成部分,地域文化往往打着独具特色的文化烙印,更能激发学生的学习热情。地域文化资源是国家历史文化在不同地域的具体表现,是中华文化的地方化与具体化。地域文化资源包括在革命、改革和建设时期,在地方留下的人物、事件通过纪念馆、遗址等形式呈现出来,同时也包括地方传统文化、民风民俗等,表现出现实性、具体性、生动性的特征,挖掘资源内涵对服务思政课理论教学与实践教学具有重要价值。地域文化中蕴含着丰富的思政资源和独特的内涵,深入挖掘地方特色文化资源对于弘扬优秀传统文化和革命文化具有天然优势,能够在教学中更有针对性和亲和力,既能实现思政教育目标,也可以不断增强学生的文化自信。同时地域文化资源的物质载体既拓展学生的学习空间,也是学生开展实践教学的重要平台,本土文化资源临近学校周边,为学生更好走近文化资源提供了便利条件。学生对地方文化资源的参观学习,有助于加深对知识的理解,提升对理论的升华,引起学生的情感共鸣,激发对家乡的热爱,进而延伸至对国家的热爱。

在地方文化资源中,尤其要重视红色文化资源的开发与利用。习近平总书记强调,要"自觉接受红色传统教育,常学常新,不断感悟,巩固和升华理想信念"。红色资源是对学生进行思想政治教育的重要资源,将红色资源融入思政课是落实四史教育,推进改革的重要手段。红色资源是指中国共产党人领导中国人民在革命、建设和改革的过程中形成的物质文化和精神文化的总和,其内涵丰富,意蕴深远。物质形态资源包括了遗址、旧址、器物等,非物质形态包括文字符号、艺术作品、理论研究等形式。红色资源承载着革命精神以及爱国情怀,彰显着中华民族的品格特征。挖掘地方红色文化资源,建立起学生与红色资源的桥梁,能满足学生认知需求,引起学生情感共鸣,把红色资源与理论紧密结合,实现由感性认识上升到理性认识的目的,从而加深对课程的认知。同时将红色资源引入教学活动中,对于培育学生正确的价值观具有重要意义,促使学生学习革命先辈,坚定社会主义理想信念,弘扬以爱国主义为核心的民族精神和以改革创新为核心的时代精神。

(二)家庭资源

家庭教育与学校教育互为补充,成功的教育是家庭教育与学校教育有效配合的产物。家庭教育有情感性、亲和性和补充性的特点。良好的家风对于学生思想道德培育和发展具有至关重要的意义。家长对学生行为具有言传身教的重要作用,能够引导学生树立正确的人生观、价值观和世界观。协同校外资源,要积极探索家校互动模式,充分发挥家庭资源在思政教育中的作用。学校辅导员要加强与学生家长沟通,进一步了解学生成长历程,特别要帮助困难学生坚定信念,走出困境。教师通过建立微信群、电话走访、实地走访等方式走入学生的家庭中,同时可以邀请学生家长代表走入学校中,参与到学生成长历程中。通过建立家校联系,合理利用好家庭资源,更好发挥学校思政育人的作用。

(三)社区资源

社区是基层社会的重要载体,是社会资源的重要载体。"社区是一定人口聚居的行政区域,具有共同生活的人际关系共同体"①,每个人都与社区有着密切联系,是国家路线、方针、政策落地的最后一公里,也是密切联系群众的第一线。社区文化中蕴含了丰富的基层治理经验和典型治理案例,引导学生深入社区,认识到人民群众的伟大力量。加强学校与社区合作,一方面社区能够为师生开展社会实践提供贴近社会现实的平台,学生通过走进社区开展宣讲知识等志愿活动,提升实践能力,用行动培养良好思想道德素养。另外一方面,学校也可以定期邀请社区工作者,结合思政课相关理论,与师生分享在基层社区的思政建设的经典案例和重要经验。社区资源的引入,能够为学生提供更为广阔的实践平台,与广大群众更为紧密地联系在一起,帮助学生拓宽视野。因此,协同社区资源同样是整合校外资源的重要组成部分。

学校可以结合地理位置的优缺点,选择不同类型的社区,搭建交流合作平台,为学生参加社会实践,提供更多便利和选择。学生通过走进社区,了解社区文化,认识到社区工作者在日常工作中的工作职责。例如,学生通过采访,可了解在新冠肺炎疫情期间,社区工作者的工作内容和人物事迹,加深对社区工作的认识,增强自身的责任意识。

(四)地方政府、事业单位资源

地方政府与事业单位是社会的重要组成部分,是社会发展的重要保障。办好思政课的同时也要充分利用地方政府、事业单位的资源,搭建实践合作平台,积极取得相关部门的支持,让领导干部走进校园讲思政课。

(五)企业文化资源

企业是学生未来就业的重要平台,挖掘企业中蕴含的思政元素融入教学活动中,为探索思政课改革创新提供新的路径。一方面,开展校企合作,思政课教师走进企业实践,了解和掌握企业生产状况、生产流程以及生产工艺,进一步掌握企业对学生素养的要求。开展校企合作,既能帮助教师进一步服务企业,同时也能开阔教师视野,丰富教学案例,把企业中对员工的岗位职责要求等信息传递给学生。另一方面,通过思政教师对企业文化的学习,把企业文化中蕴含的价值观念、道德规范以及行为准则等思政资源与元素挖掘出来,转化为学生学习的案例。学生通过对企业文化和企业对员工自身素养需求的认

---

① 孙其昂.社区建设与思想政治教育的辩证关系[J].政工研究动态,2008(17):39.

识,反思自身的不足,帮助学生树立正确的价值观、择业观。

三、联动社会资源的意义

(一)教学更为丰富、鲜活

社会资源内容丰富、类型多样,能够为教学提供更为鲜活的、真实的案例和实践平台。思政课教学中,理论认识往往建立在感性认识的基础上,开展案例教学和情境教学是有效手段。因为资源、手段等各方面局限性,传统教学以思政课教师为主,教学环境局限于教室和校园,教学资源类型单一。联动校外资源能够为思政课教学提供更为广阔的教学环境;开展情境教学、实地教学,为学生的理论学习提供更为广阔的平台。

(二)增强思政课教学的亲和力

思政课理论性较强,内容较为抽象,学生学习兴趣不高。通过联动社会资源,将各种社会资源融入教学活动中,丰富了教学内容,使教学更贴近生活、贴近学生、贴近现实,增加了教学的趣味性与吸引力。学生通过教师讲述或者实地走进地方历史文化、红色文化、企业文化,从耳濡目染中开阔视野,增进对知识的理解,同时产生情感共鸣。通过丰富的教学内容,用鲜活的案例增强教学的亲和力,从而调动学生学习的积极性。

(三)有利于实现"三位一体"的培养目标

思政课重视知识传递、能力培育以及价值观塑造。充分利用社会资源能够满足学生的认知需要,增强学习的获得感。引导学生实现由感性认识上升到理性认识,透过事物的现象揭示事物的内在联系,并在过程中培养学生独立思考、分析综合、加工判断的能力。同时帮助学生树立正确的世界观、人生观、价值观,树立马克思主义的立场、观点和方法。

四、联动社会资源的策略

(一)构建社会资源的联动机制

社会资源是思政课教学改革的重要内容,社会资源类型丰富,需要学校建立统一的、多方位的社会资源联动机制。探索与政府相关部门的合作机制,制定思政教师企业实践锻炼的实施细则,明确地方历史文化、革命文化等融入教学的标准及要求,规范引入内容与方法。明确联动社会资源的主体责任,建立激励考核机制、监督管理机制。同时加大经费支持力度,鼓励相关部门积极主动挖掘社会资源。

(二)创新教学模式

为了更好地利用社会资源,需要创新教学模式,建立线上线下教学模式,革新实践教学模式。通过打造线上学习平台,将大量的社会资源转化为教学资源,便于学生开展自主学习。加强线上线下互动教学,提升教学感染力,形成立体式的教学模式。实践教学是学生理论应用的重要途径,通过开辟社会"第二课堂",引导学生参与走访历史文化遗址、参观企业、采访人物、调研民俗文化等形式的实践活动,将理论与实践结合、社会与校园结合,提升学生的实践能力,提升学生的综合素养。同时借助现代化信息技术,如虚拟现实、3D 等形式创建虚拟环境,增强视听体验。

(三)转变教师思维

思政教师要打破固有思维,认识到社会资源在思政课教学中的重要性,在教学中主动开发利用社会资源。利用社会资源不是简单地给学生看一看或者走一走,需要围绕相关资源挖掘其深刻内涵,并不断细化。这就要求教师精心设计教学方案,从教学目标设置到案例选用再到教学方法运用等各个环节都要把理论内容与资源相匹配,重点研究相关资源与教学内容之间的情感逻辑、理论逻辑以及价值逻辑,把显性教育与隐性教育相结合。

第五节　把握网络资源是着力

互联网已经广泛而深刻地渗透于人们的生产生活,可以说互联网已经成为人们生活中的一部分。在教学活动中同样如此,学生获取知识的方式更为多样,其中通过利用网络资源提升自我成为一种广泛现象。然而,网络资源庞杂分散、鱼龙混杂,这就要求在利用互联网资源开展教学活动之前,必须对知识进行加工,通过去粗取精、去伪存真、由此及彼、由表及里等方式进行资源整合,形成系统、丰富、精彩而又贴近学生现实的网络资源,更好地服务于教学活动的开展。通过网络资源整合,形成资源合力,减少资源浪费,提升资源利用效率,形成师生参与到互联网资源的开发、整合、管理、利用和改进的过程中,开创教学网络资源利用新局面。

一、网络资源的内涵

网络资源建设是推进课程改革的重要途径,是顺应信息化发展的必然要求,是符合学生发展需求的体现。网络资源建设应该着重抓住三个方面:一是学校建立统一、开放、丰富的网络资源平台,服务于思政课与课程思政,实现资源的共建共享,建立包括教学资源平台、教学学习平台、教学实践平台等综合性学习平台。二是要加强思政课网络资源库建设。按照课程大纲要求、课程思政要求,建立一个覆盖文本、图像、照片、视频、试题、案例等多种教学形式的资源库,为教师开展教学、学生自主学习提供一个共建共享的资源库。三是加强微课建设。微课主要是指学习者通过视频进行学习。视频时长较短,一般控制在 10 分钟左右,这样的方式使教学更为高效、简洁,更能吸引学生的注意力。思政微课也是重要的网络资源,一方面可以引入其他高校的优质微课资源,另外也可以组织本校教学团队设计、制作本校的思政微课。微课内容既可以围绕教学专题,也可以贴近现实热点。通过丰富教学资源的内容与形式,拓展了思政教育的空间,延展了教学时间,提升了学生学习的积极性,把显性教育与隐性教育相结合,增强了思政教学的实效性。

二、网络资源建设存在的问题

(一)网络硬件建设不足

网络硬件是利用、开发网络资源的前提,只有建立了一流的网络硬件,保障使用的流畅性、便利性,才能更好地服务于教学。现阶段,我国网络建设已经取得重大发展,这为各学校推进信息技术进校园创造了有利条件。但各校园在建设统一的教学平台方面参差不齐,有些院校硬件设施投入不足,难以开展大规模的网络资源建设,一定程度上制约了教学技术的革新。同时,也应看到网络建设发展与网络应用之间的不平衡。

(二)网络资源库建设滞后

思政教师要提升教学的有效性和针对性,激发学生的学习兴趣。这就需要教师在备课中,应用更为鲜活和有力的教学案例,挖掘其更深刻的内涵。教师要不断汲取新资源,扩充新知识,满足学生需要。在信息爆炸的时代,网络成为学生获取信息的重要渠道。学校要重视网络资源库建设,不断搜集、提炼、加工,形成较高质量的网络资源库,涵盖教学案例、教学课件、习题练习等,为教师教学和学生自主学习提供便利。目前,学校网络资源库建设滞后,主要体现在以下几个方面:一是资源庞杂。资源没有按照相应的模块进行划分,不能检索到相应的信息;二是资源陈旧。资源库建设不是一劳永逸,需要不断吸收热点话题、典型案例,只有教学内容不断更新才能更好地满足教学的需求;三是资源整合度不高。思政课与课程思政联系性不高,重复建设的现象广泛存在。

(三)教学资源平台功能单一

网络资源平台建设应该是集资源辅助、教学平台、实践平台等多功能为一体的综合性平台,现阶段许多院校建设的资源平台只能满足资料检索的需要,对开展线上教学、问答、讨论等功能开发不够。

(四)教学主体应用网络资源开展教学的能力不足

网络资源的开发与利用离不开教师与学生,现阶段许多教师未能适应新的教学要求,尚未形成新的教学思维或者在实际教学中忽视网络资源的应用,与此同时,学生利用互联网资源进行学习的意识需要进一步提升。

三、网络资源建设需要把握的原则

(一)科学性原则

网络资源的建设坚持科学性原则,要紧密围绕课程内容构建网络资源框架,坚持与教学目标、教学内容等相符合。网络资源要充分考虑学生的学习能力和需求,既要适应学习能力,也能激发学生兴趣,要紧密结合学生特点,建立适合不同专业的学习资源。

(二)共建共享原则

资源共建共享能够丰富资源容量,也能够提升资源的利用率。加强校内思政资源的开发利用,尤其注重专业课、党团等思政资源的开发。同时要加强各类课程之间思政网络资源的协同开发与利用,减少重复开发,加大资源开发的互补性,同时对部分院校无法完成的任务,更要加大合作力度。

(三)动态发展原则

动态发展原则是指网络资源需要常更常新,要随着社会发展的脚步,及时将国家重要会议、文件、领导人讲话精神等内容融入教学内容当中;及时对时事热点话题、热点新闻事件等相关内容进行加工,并添加到网络资源中。特别注意,网络资源应该由专人定期进行维护和更新。

(四)创新原则

网络资源建设中,要注重内容与形式的创新;要从生活中挖掘与课程相关的元素,并通过学生喜闻乐见的形式表现出来;要善于从学生视角出发,把学生关注的、感兴趣的、疑惑的内容加工转化为网络资源。同时在形式上通过文本、视频等多种方式呈现,特别是当前学生感兴趣的表现方式。

四、网络资源建设的建议

(一)完善学校关于网络资源建设的制度设计

学校要对思政课网络资源建设进行顶层设计,规范思政课资源建设的标准、流程、要求等内容,并作出制度性安排。首先,建立学校层面的机制,网络资源建设机制统筹思政课程、课程思政以及其他相关思政资源建设,形成整体性、协调性、共享性建设。其次,明确网络资源建设的责任主体,加强对网络资源的开发、管理、维护和使用等。最后,要建立师生培训机制,确保教师能够熟练使用网络资源,学生树立利用网络资源的正确意识。

(二)优质网络资源的开发与利用

网络资源建设坚持把"引"与"创"结合起来,一方面要引进符合学校特点和学生专业的优质资源,通过校企合作形式,挖掘行业、企业中的思政元素,如大国工匠、创新精神等成为思政资源。同时要善于将中华优秀传统文化、革命文化以及地方文化资源等融入思政教学活动中。另一方面就是要积极主动"创"立新资源,对热点话题进行加工,转化成为能引起学生思考的思政资源。加大优质微课资源的开发,使微课既能满足教师的教,同时也适合学生的学。在微课开发中,教师要精巧设计,创立学习情境,突出教学重难点,与课堂教学形成互补的效果。注重实践教学网络资源的开发,引导学生参与到网络资源的建设当中,学生通过搜集资料或者拍摄视频等形式,选择其中优秀的作品作为网络教学资源。此外,还可以通过虚拟现实、红色景点视频录制等形式形成实践教学资源。

(三)加强对平台网络资源的整合

加大对网络资源的整合,从内容上实现思政教学资源与其他思政资源贯通,实现资源的共建共享。设立不同的板块,有理论学习平台、实践平台、素质拓展平台等不同板块,实现显性教育与隐性教育的统一。在具体板块中,按照专题形式设置具体的资源分类,如微课资源、案例资源、习题资源等多种类型,形成由易到难的不同层次,既能达到辅助学习的目的,也要引导学生独立思考,完成相应的任务要求。

（四）提高网络资源的使用率

网络资源建设的目的在于使用，只有广泛地应用于教学活动中，成为师生开展教学的重要平台和学习方式，才能推动思政课更好地发挥立德树人的关键作用，提高资源的使用率需要师生提高对网络资源利用的意识，积极探索并适应新的学习模式，教师引导学生，学生影响学生，不断提升网络资源的利用率。网络资源开发与使用同步进行，实现边开发边使用，边使用边反馈，及时作出调整。在资源建设中特别要引入学生力量，引导学生成为网络资源开发的重要参与者，可以更明确资源供给的方向，同时也提升学生参与的积极性。

第七章　高职思政课立体化教学改革的经验总结

促进高职思政课高质量发展,筑牢社会主义意识形态主阵地,培育学生成长成才,离不开思政课改革创新。近些年高职思政课在立体化教学改革方面,不断出新招,重实效,形成了良好的育人示范效果。在教学理念、教学方法、教学手段、教学考核等不同维度的创新,对于提升高职思政课建设具有重要的理论意义和实践意义。

第一节　高职思政课立体化教学改革的成果

一、教育主体队伍不断壮大增强

(一)思政课教师队伍不断配齐建强

高素质的思政队伍建设对于提升课程建设质量具有长期性、根本性的作用。习近平总书记强调,"办好思想政治理论课关键在教师"。从国家到地方,各个层面高度重视教师的配备,支持和引导各高校不断配齐、配强思政课教师,为教师自我提升、长远发展创造良好的条件,呈现出向好的发展态势。

各高校加强思政课建设,首先是扩充教师队伍,补齐人员短板。中央要求各高校思政课教师和在校学生比不低于1∶350,过去在建设过程中,一些高职院校把更多精力放在专业课队伍建设方面,忽视了思政课教师队伍补充、发展,使得师生比未能达到国家要求。十八大以来,各高校逐步重视思政课建设,在教师队伍建设上不断加大投入力度,从校内、校外多个维度补充思政课教师队伍,确保满足师生比例要求。其次,加强教师队伍质量建设,努力建设一支政治素养高、能担当重任的教师队伍。各高校紧紧围绕"四有"教师和"六要"标准,不断对标,加大队伍建设力度,通过制度保障、培训提升、评价改革、完善激励等多个维度推动教师队伍高质量发展。例如,通过建立"传帮带"机制,鼓励经验丰富的教授,指导青年教师开展科研和教学。通过打造"双师型"教师,不断提升教师专业素质与实践能力。随着高职院校思政课教师队伍建设的力度加大,思政课教师队伍素养得到显著增强,改变了过去师资不足、质量不高、能力不强的现实,基本建成了政治立场坚定、理论水平较高、教书育人能力较强的思政课教师队伍。

(二)多元主体不断完善

1. 党政学人士同上思政课

育人是系统的、全面的工程,需要协同各方力量形成"三全育人"格局,建立多元主体、协同联动的教学模式。思政课是高校巩固意识形态的主阵地,守好阵地需要各方协同。党群团学部门的工作人员是大学生思想政治教育大格局中的重要力量,对思政课的教学起着辅助作用。充分利用学团队伍包括学校的基层党组织、团学部门、宣传部门等方面的学生工作力量,如党支部委员会委员、学生辅导员、班主任、心理健康教育教师等。课程思政建设是发挥专业教师队伍优势的重要举措,通过挖掘思政元素,丰富专业课教学内涵,对培育学生形成良好的思想道德素养和职业精神等方面具有重要意义。通过整合学校各支队伍资源,发挥各方优势,形成思政育人新格局。

2. 开展"1+1"授课

在传统的思政课课堂中,思政课教师是教学的唯一主体。为全面落实习近平总书记在学校思想政治理论课教师座谈会重要讲话精神,进一步在改进中加强思政课建设,切实提升思政课的教学水平,不断拓展思政课的育人渠道,一些高职院校改变传统教学模式。高职院校根据其人才培养方案和辐射地方经济等职能,为了增强思政课的针对性和实效性,结合学生专业,贴近时代,在思政课堂中越来越多地呈现出多元主体共存的现象,打造高职院校思政课"1+1 授课"。高职院校思政课"1+1 授课"主要是邀请行业企业专家、奋战在工作一线的优秀楷模、社会榜样人物、优秀的学姐学长等正能量资源,与思政课教师一起承担思政课相关知识的课堂教学,形成思政课"1+1"的授课格局。这种"1+1"多元教育主体共现于思政课堂,让思政课更加接地气、入人心、有意思,切实提升了思政课教学质量,进一步增强了思政课的育人实效性。

二、课堂教学效果和育人质量显著提升

近年来,随着思政课教学改革的不断深入,思政课内涵式发展得以迅速提高,学生获得感明显提升,学生的"抬头率""点头率""回头率"逐渐提高。以重庆城市管理职业学院为例,学校高度重视思政课改革创新,紧密结合高职院校学生特点,开展"三化"教学改革,实现思政课教学的专题化、项目化、网络化,思政课教学质量连年提升。

第一,注重问题导向,实行专题化教学。充分结合高职学生学情特点,把握教学重难点,紧跟时代热点,以问题链的方式实现"内容重构、交叉轮课"的专题化教学改革,实现教材体系向教学体系的有效转化。第二,注重自主探究,实行项目化教学。实行项目化教学是对课堂理论教学的深化和拓展,以推动教师转变教学观念,改进教学方法手段,促进学生主动学习、自主探究、实践创新,在"思想道德修养与法律基础"课程授课中,设置说案导知、论道修情、弘德砥意、观世敏行四类项目,供学生选择完成项目化内容;在"毛泽东思想和中国特色社会主义理论体系概论"课程授课中,设置说案导知、重温经典、明辨是非、记录当下四类项目,供学生选择完成项目化内容。培养学生的团队意识以及独立思考能力,能够把理论与实践结合起来,处理好实际问题,发挥思政课立德树人的作用。第三,注重科技运用,实施网络化教学。学校创新教学手段,借助信息化平台服务教学,学校先后设立思想政治理论课实践教学网络平台、形势与政策网络学习平台。思政教学线上和线下同时开展,丰富实践形式和教学形式,鼓励学生开展自主学习,并把学习纳入考试评价中。这些思政课教学改革,有效地调动了学生学习的积极性和主动性,学生的获得感不断增强。近年来,高校思政课教师网上评教满意度逐年上升,一些教师的思政课成为受学生争抢的热门课程。从相关的调研情况来看,学生上课的参与度增强,回答问题的积极性提高,课后作业的完成效率和质量提高。

三、大中小学思政课一体化加快建设

实现大中小一体化建设是推进思政课改革的必然要求,是培养社会主义建设者和接班人的重要保障。大中小学思政课一体化,就是指在立德树人的根本任务下,既注重思政课的整体规划、顶层设计,又根据各个学段学生身心发展规律和教育教学规律而制定分段目标和内容,将整体规划与分段衔接进行有机融合。既注重各自的教学目标和内容,又注重环环相扣、连续贯通,构建循序渐进、螺旋上升的思政课课程共同体。大中小思政课一体化建设符合育人发展规律,体现了马克思主义发展观原理。思想政治理论教育教学贯穿于学生儿童期、少年期、青年期的整个成长过程,每个环节既共生共存又各自独立。学生的认知能力和思政课的教学目标,每个阶段各有区别又互相联系。当前,大中小学思政课一体化建设中目标设置上缺乏整体性或比较模糊,内容衔接性不强,教学方法比较单一;教师受固有观念影响,认知不足,能力面临挑战;一体化建设缺乏相应的各方保障,以及相应的支持和重视;评价方式较片面等问题。这主要是由于在大中小学思政课建设中,缺乏协同教研的相关机制,忽视大中小学思政课协同育人的价值目标,缺乏协同教研的长效机制,各个学段的内容整合能力不强,教学改革的创新性不足,受片面追求升学率的观念影响,缺乏相应的资金和制度支持等。因此,要打通思政课的教学"通道",实现思想政治教育的整体性、连贯性、持续性,这就需要在大中小学各个学段中有计划、有秩序地开展思政课教学工作。在新时代加强大中小学思政课一体化的实践中,教育目标"一体化"构建、教育理念"一体化"跟进、课程内容"一体化"设计、教师队伍"一体化"建设得到不断发展,大中小学思政课一体化的整体合力日渐形成。已经有很多学校实行基于整体性与分段性相协同的思政教学一体化、基于专业性与多元性相协同的教师队伍一体化、基于纵向维度和横向维度相协同的教育资源一体化等方面,加强大中小学思政课一体化建设,实现思政课的内涵式发展,促进立德树人根本任务的实现。思政课的教学总目标得以更好地一以贯之,同时它体现在全程学校思政课的过程中,实现分段促进、螺旋上升。针对不同学段学生的思想特点和行为方式,采取适合他们的教学内容和教学方式。

随着大中小思政课教师一体化建设的推进,梳理各阶段思政课建设目标、教学内容,有利于构建思政课建设大格局,推动思政课内涵建设。

四、协同育人格局不断完善

　　课堂教学是育人主渠道,各门课程需相向而行,形成育人合力,产生协同效应。这是落实高校立德树人,培育担当民族复兴大任的时代新人的要求。既是对思政课提出新的改革方向,又是对专业课提出的新要求。在以往的专业课教学中,教师更多的是关注学生学习知识和技能的增长,忽视思政育人工作,尚未充分发挥专业教师开展课程思政的天然优势。当前在各高校积极探索课程思政建设的背景下,专业课教师结合学生专业发展,深挖专业育人元素,把专业知识和育人素材有机融合,贯穿于教学的始终,从而达到"润物细无声"的效果。在专业课课程目标制定、教案设计等过程中,也邀请思政课教师参与其中。在这个方面,很多学校已走在前列,并取得一定进展。已经有不少学校建设了课程思政的微课,编写了课程思政的教案,申报各个级别的课程思政一流课程等,在各类专业课的教学比赛中,也注重思政元素的融入。同时,形成高质量的课程思政体系,离不开发挥思政课的引领作用。充分发挥思政课程的引领作用,对确保课程思政沿着正确的方向、提高发展质量,具有重要意义;也对提升思政课的内涵式发展和促进高职院校人才培养目标的实现具有重要意义。思政课教师与专业课教师的接触,也使思政课教师加强对学生所在院系、所学专业的了解。在课程思政大背景下,很多思政课教师已经树立起了在思政课教学过程中链接学生所学专业的意识。而此时,思政课的改革也顺势而行。思政课教师坚持"以学生为本",注重不同院系、不同专业学生的差异性,掌握高职学生的知识基础和认知能力、学习兴趣等学情,在立足思政课教学目标和充分把握教材重难点的基础上,充分链接学生所学专业,在思政课的讲授中恰当融入学生专业课的人物和事件、知识原理和操作方法等内容,实现思政课与专业教育的有机融合,使思政课的知识点更加贴近学生的专业和学生的生活,增强教学的针对性、实效性,充分发挥思政课立德树人、育人的功能。

　　课程思政与思政课程同向同行,打破了专业课和思政课之间长期形成的壁垒现象,既有利于实现专业课的内涵建设,也丰富了思政课内容建设,更好地立足学生成长,服务学生全面发展。

五、"四位一体"实践教学模式不断

第一，课堂叙事性教学。我国各地拥有丰富的文化资源，为思政课叙事式教学提供了鲜活的素材。地方文化资源蕴含着丰富的思政育人元素，教师通过整合地方历史文化资源，形成经典的教学案例，以生动的故事，吸引、打动学生。引导学生积极参与到故事情境中，通过故事呈现、故事讨论、故事反思等环节的师生互动、生生互动，提高学生的思政课参与感。高职思政课教师应结合课程的教学内容，认真挖掘、仔细整理地方文化资源所蕴含的教育主题，寻找教学内容和文化资源的结合点，精心设计教学环节。通过在课堂上的生动讲述，将思政课的知识点与本地文化故事巧妙结合，把略显枯燥的理论知识通过鲜活的素材讲彻底、讲生动，引导学生在思考中获得启发，收获成长。

第二，基地体验式教学。基地体验式教学主要是思政课教师带领学生走入校外实践教学基地，结合课程教学实际，开展实地调研，让学生通过走进社会、走近历史、走近先烈，了解社会现状、亲身触摸历史、感悟先进事迹，了解国家发展、重温悠久历史、追寻先辈足迹。回到学校后，让学生撰写实践调研报告或实践心得体会，邀请学生彼此分享自己的实践经历和心得感受。基地体验式教学有利于学生深刻理解和感悟先进事迹，引发学生的情感共鸣和主动思考，在潜移默化中深化学生的家国情怀，强化学生的理想信念，培养学生的责任担当，增强学生的参与感和获得感。

第三，平台情景式教学。平台情景式教学是学生在校内开展实践教学的重要方式，围绕地方文化资源、红色文化资源、经典话题，组织学生开展舞台剧、话剧等形式进行展示，传递正能量，形成品牌效应。例如，由教师组织策划和指导，学生自导自演的红色故事情景剧、辩论赛、焦点访谈等实践形式。平台情景式教学让教师的"教"演化在教学活动的策划之中，将学生的"学"转换在探究与体验的行动之中，能够让学生在潜移默化中受到熏陶和感染，加深对知识的理解，提升思政课的参与感和获得感。

第四，网络延展式教学。网络延展式教学主要是借助网站、微信、微博等新媒体教学平台，例如利用超星学习通 APP、学院官方微信和微博、思政课公众微信号、在线精品课程、慕课等网络教学资源平台，结合思政课和大学生的相关内容，对视频、音频、动态图片等资料进行精心选取和整合，最后再把完整教材体系推送给学生。网络延展式教学能够拓展丰富教学资源，及时分享最新最前沿的教学资源，能够保证思政课教学内容的广度和深度,作为课堂叙事性教学的重要补充。并且可以通过互动讨论、答疑解惑等板块跟踪掌握学生的思想状况和理论需求,增强思政课的针对性。同时,网络延展式教学能够打破现场教学时间和空间的限制,学生根据自己的时间和兴趣爱好选择学习内容,可以随时随地进行学习,提高学生的学习效率,增强思政课教学的针对性和实效性。网络延展式教学以学生喜闻乐见的方式展现思政教育内容,满足了大学生的个性化需求,实现学生的自我管理、教育和反思,能够获得学生的认可,提高学生的参与度和获得感。

第二节　高职思政课立体化教学改革的经验

近年来,围绕思政课改革创新,各高职院校真抓实干出实招,形成思政课立体化改革体系,推出系列改革举措,形成改革的宝贵经验。总结十八大以来各高职院校思政课教学改革,对于办好新时代高职思政课具有重要的现实意义和实践意义。

一、高职思政课立体化教学改革始终坚持党的全面领导

办好中国的事情,关键在党。高职院校是我国高等教育体系的重要组成部分,办好中国特色社会主义高校就要坚持贯彻党的教育方针,筑牢社会主义意识形态,培养能堪重任的社会主义建设者和接班人。我国高校要牢牢坚持党的领导,才能保持高等教育的正确方向。高职思政课立体化教学改革始终贯彻落实党中央重大决策部署,以习近平总书记关于教育的重要论述为根本遵循,坚持为党育人、为国育才,立德树人,切实回答好"培养什么人,怎样培养人,为谁培养人"的时代之问。过去,思政课改革坚持党的领导的基本原则和立场,推进立体化教学改革取得显著成效。这就要求思政课立体化教学改革必须坚持党的领导,坚持社会主义方向,从而推动新时代高职思政课高质量发展。

二、高职思政课立体化教学改革始终坚持以马克思主义为指导

思政课作为高校开展马克思主义教育的重要阵地,推动立体化教学改革就必须坚持

以马克思主义思想为指引,充分发挥思政课育人功能,培育学生懂马、信马、爱马,自觉以马克思主义武装头脑,指引行动。中国共产党始终坚持把马克思主义作为指导思想,贯穿于革命、建设和改革的各个时期中,指引中国人民从胜利走向胜利。思政课教学改革,必须坚持用马克思主义理论最新成果指导改革实践,更好地把最新理论融入教学实际中。

当代青年生逢盛世,肩负重任。大学生正处于夯实知识基础、掌握专业技能、砥砺意志品德的重要时期。互联网成为开阔学生视野的重要渠道,也是进行思政教育的重要阵地。同时也应看到在互联网中,存在鱼龙混杂的现象,出现违背主流价值观的声音,通过混淆概念、歪曲历史、曲解政策、激化矛盾等各种手段来诱导广大青年作出错误判断。思政课立体化教学改革,要坚持亮剑,用马克思主义的思想武装学生,培养学生独立思考、明辨是非的能力,不断发出马克思主义时代的最强音。青年想要透过纷繁复杂的现状,看清楚世界是怎么样的、中国是怎样的,也需要科学理论的分析和正确思想的指引。高职院校思政课立体化教学改革就是要坚持马克思主义的指导地位,深化马克思主义立场、观点和方法的教育,加强教学案例库建设,推进社会实践基地建设,从理论和实践两个阵地,加深学生对马克思主义的学习和理解,并转化为认识世界和改造世界的能力。青春是一个人一生中非常美好的时光,也是一个人理想信仰塑造最关键的阶段。通过不断深化马克思主义教育,不断拓展学习的内涵和外延,增强学生的理论自信,能够自觉成为真正的马克思主义信仰者和传播者。

三、思政课教学评估体系立体化

构建科学合理、客观公正的高职思政课教学评估体系,推进高职思政课内涵式发展的重要途径,对促进高职思政课教学质量的提高具有重要意义。目前,根据时代的发展和学生思想动态的变化,高职思政课教学评价体系在不断创新和发展,主要包括结果性评价和过程性评价相结合、定性评价和定量评价相结合、动态评价和静态评价相结合等内容。

第一,教学活动作用方面,将结果性评价和过程性评价相结合。结果性评价主要是指对高职思政课的教学质量和教学效果进行的总结性评价,过程性评价是指对高职思政课教学状况的动态跟踪。过程性评价与结果性评价不是对立的,在一定条件下能够转化。基于学生的思想动态、学习习惯、认识方式、知识基础等方面,将结果性评价和过程性评价相结合,有利于较为全面地考察思政课的教学效果。

第二,教学质与量方面,将定性评价和定量评价相结合。定性评价主要是指对教学对象进行一个整体上的质的评价,定量评价主要是指对教学对象进行定量的测量和量化的处理,两者各有优势和弊端。将定性评价和定量评价相结合,能够在一定程度上改善定性评价的主观偏差和评价范围针对性较弱的情况,也有利于改进定量评价中涉及因素有限、评价方向模糊等局限。定性评价和定量评价相结合,以定性评价作为基础,定量评价作为量化处理,这就能够明确评价方向,扎实评价依据,使思政课评价更加科学合理。

第三,教学评价状态方面,将动态评价和静态评价相结合。动态评价主要是指从过去、现在、未来的角度,对教学对象及其相关因素进行动态评估,静态评价主要是指对教学对象相对的暂时的状况的评价。将动态评价和静态评价相结合,看到了学生思想发展的动态性,避免评价的机械僵化;同时看到了发展过程中的相对静止,避免评价无从下手的状态。

此外,增值性评价受到学术界关注,在高职思政课作为公共基础组课程的职业院校教学技能大赛中,比赛文件开始明确指出增值性评价的内容。根据"以赛促教",高职思政课教师也在积极地进行增值性评价层面的探索。虽然对于高职思政课增值性评价的探索是随着比赛逐渐开展的,当前我们对高职思政课增值性评价还处于探索阶段,但这也是作为创新教学评价一个新的突破口。

四、激发教师主导性和学生主体性的合力

思政课立体化改革要实现教师主导性和学生主体性的统一。过去的教学实践中,教师主导性的发挥和学生主体性的缺位都影响了思政课教学质量。教师是课程的主要设计者,在教学推进中既要有效、有度、有力地推动教学,同时也要充分发挥学生的主体性作用,通过问答、讨论、展示等方式,使师生同步推进课堂,避免教师唱"独角戏"或者学生"乱唱戏"。激发高职思政课教师创新创造活力和学生成长成才的内生动力,这是高职思政课立体化教学改革的深层力量。

一是,激发高职思政课教师创新创造活力。思政课只有与时俱进,才能不断实现更好的育人效果。教师推进课程改革就必须具备创新思维和能力,为教学改革提供支撑。

这为新时代思政课教师队伍建设提供了重要遵循,为凝聚思政课改革的一线力量提供了根本指引。首先,要调动高职思政课教师参与改革的积极性。高职思政课教师奋战在教学一线,对高职学生的思想疑点、理论盲点、认知难点、关注趣点等有着较好的把握。同时教师在教材使用、课程设置、教学方法、学生评价等方面都有更为深刻的认识,因此要尊重思政课教师的看法,赋予高职思政课教师在思政课课程设置和教育教学改革方面的话语权,使他们拥有"能发声""好发声"的多种渠道,达到"发好声",促使高职思政课立体化教学改革内涵式发展。其次,从制度上保证高职思政课教师的教学积极性。办好思政课,关键在教师。而教师的成长发展,离不开各种社会条件的支持和保障。因此,高职思政课教师主观能动性的发挥,需要有力的组织领导和充实的条件保障。

二是,激发学生成长成才的内生动力。学生是教学活动的主体,要激发学生成长成才的内生动力。①思政课教师要加强对学情的掌握。教师要掌握授课班级学生的专业特点、年龄阶段、知识基础,加大对学生的认知规律和接受特点的研究,为教学的开展做好学情调研。注重学生的差异性,因材施教。②利用多媒体信息技术精心组织教学。激发学生的兴趣和求知欲,发挥学生的积极性和主动性。关心学生的思想动态和问题反馈,及时加以引导。建立和谐平等的师生关系,营造良好的课堂氛围。

三是,既要注重加强学生的参与和获得,又要加强教师引导与总结提炼。①加强学生的参与和获得。部分学校出现思政课教师单向式的"满堂灌",学生参与度和互动性不足的现象。要创新教学形式,拓展教学资源,激发学生的学习兴趣,加强对学生的启发引导,提高学生的参与度和获得感,防止教师主导性发挥过度和学生主体性发挥不足的现象。②加强教师引导与总结提炼。在一些辩论赛式教学、翻转课堂式教学的思政课中,既要注重激发学生的积极性和主动性,提高学生的参与度,又要重视加强教师的教学引导与总结提炼,防止学生主体性发挥过度和教师主导性发挥不足的现象。

五、实践教学不断创新

实践教学是理论教学的重要补充,发挥实践教学作用,对增强课程实效性具有重要意义。课程实践构建起校园和社会的桥梁,引导学生走出校园,了解社会实际,有助于对理论的理解和掌握,提升解决具体问题的能力。思政课承担立德树人的根本任务,学生要在学校形成正确理念、良好习惯,并能够一以贯之地步入社会,成为一名有责任和担当的社会主义建设者。思政课教学改革不仅要关注学生理论学习,也要把理论延续到社会实践中,从而培养学生一以贯之的素养。

面对思政课存在的问题,例如思政课的课程设置较为合理和完整,但教学模式相对单一,各门课程特色不够凸显;理论讲授得到普遍重视,且做得比较扎实,但实践教学有待加强,且理论和实践二者结合不够;采取的教学方法较为丰富,但对学生的个性差异性关切不足,对学生差异化处理不够明显等。为了解决现实教学中的矛盾和问题,提升思政课教学的实效性,推动思政课实践教学改革也愈来愈受重视。《关于进一步加强和改进高等学校思想政治理论课的意见》要求各高校积极开展思政课实践教学改革。各高校在推动实践课教学改革方面,克服实践教学推行中的各项困难,积极为实践教学创造条件,推动实践教学取得一系列重要成效。党的十八大以来,很多高职院校在结合课程特点的基础上,开展了思政课实践教学模式的探索,并且在实践中得以证明,实践教学模式提高了思政课的教学质量,强化了思政课师资队伍,还形成了一系列可借鉴、可复制的成果,获得社会越来越高的认可。

关于思政课实践教学方面取得的成果,第一,实践教学目标方面,不断审视供给侧和需求侧的关系。以立德树人为根本,注重解决问题。由于实践教学的课时一般来说较少,因此要精心选择实践教学内容,用心设计实践教学环节,精心总结实践教学的效果。具体来说,从知识目标来看,思政课实践教学旨在通过实践使学生能够更加深刻地理解和掌握知识,增强学生的知识获得感;从能力目标来看,思政课实践教学旨在通过实践锻炼使学生能够将知识转化为分析问题、解决问题的能力,增强学生的能力锻炼,提高学生的劳动技能;从素质目标来看,思政课实践教学旨在通过实践锻炼提高学生的道德修养、法治意识等。思政课实践教学目标的设定注重问题意识,强调解决学生的思想困惑,基于课程性质和高职学生学情,不断审视供给侧和需求侧的关系。带着问题意识,以解决学生的思想困惑为主,在实践结束后要注重总结和提升。

第二,实践教学形式方面,不断拓展实践教学新的内涵和外延。融媒体时代的到来,为高职思政课实践教学改革提供了很好的契机。高校实践教学形式也得到拓展,既有传统的社会活动实践、课堂教学实践、校园活动实践、参观纪念实践,同时还增加了网络虚拟实践。就课堂教学实践而言,充分利用超星、微信等软件,有辩论赛、主题讨论、主题演讲、朗诵比赛、专题讲座、知识竞答等方式,激发学生的学习兴趣,通过师生互动、生生互动,促进学生知识的获得和能力的提高。就校园活动实践而言,思政课教师布置好思政课实践教学的主题,引导学生积极投入校园的志愿服务活动、知识宣讲活动、青马工程活动、党团主活动等,组织学生进行经验分享,促进学生锻炼能力,提高思想素养,投入校园文化建设。就社会活动实践而言,组织学生参与社会志愿活动,例如在社区进行的科普活动和理论宣讲活动、暑假社会调研、参观访问、志愿服务等,通过日志、视频、微信朋友圈等方式,记录实践过程和心灵感悟,增强学生的获得感,展现大学生的良好风貌,传递正能量。就参观纪念实践而言,组织学生走入红色教育基地,包括纪念馆、博物馆、展览馆等爱国主义教育场所,引导学生学习"四史",增强历史责任感和使命感,弘扬革命精神,汲取强大的精神力量。就网络虚拟实践而言,通过借助信息技术手段,破解社会实践痛点,通过声光电等手段实现场景再现,激发学生实践兴趣,增强学生实践体验感。

第三,实践教学平台方面,不断促进网络平台和实践基地的契合。通过充分利用信息技术,搭建起微信、微博、微视、QQ 等为一体的媒体中心,实时发布与思政、大学生相关的新闻、资讯等内容。除了搭建起微信、微博、微视、QQ 等为一体的媒体中心外,部分高职学校还自主研发和创建了思政课实践教学平台学习网。以重庆城市管理职业学院为例,该校的思政课实践教学平台学习网包含教师教育、自我教育、社会教育三个板块,教师教育以师生发帖回帖互动的方式,扩展师生互动渠道;自我教育中纳入了红色电影、经典文献、精彩歌曲、名人名言等内容,社会教育环节纳入了社会调研、心灵感悟、镜中世界、人生规划等内容。其汇集了思政前沿、网络舆情、热点话题等内容,优化师生沟通方式,畅通沟通渠道,促进信息反馈,加强互动讨论,提升探索创新,实现脱离场域和时间限制,随时随地进行自主学习,以提升思政育人效果。此外,通过立足课程内容,结合时下热点问题,创新微课、慕课等,突破传统授课形式。结合高职学生普遍实践动手能力强的特点,创新翻转课堂、情景课堂等形式,充分调动高职学生的积极性,发挥学生自主学习和团队探究的能力。近午来,一些高职院校开始建设数字马院、智慧马院,通过互联网与现实嫁接,打造"中国共产党精神学习体验馆""党史学习展馆"等学习体验场馆,激发学习新动能,让学习从课堂到网络,再延伸到"身边",促使思政课相关内容更好地"进头脑"。

第四,在实践教学评价方面,不断优化定量分析和定性分析。针对不同类型的思政课实践活动,综合测评学生的知识水平、道德素质、法治观念、能力素质等。通过多种形式实践,既有定量分析也有定性分析,同时把学生的过程性考核和结果考核相结合,把学生考核和教师考核相结合,不断优化思政课实践教学评价体系。

六、建设课程教学团队，提高教师素质能力

(一)坚持教师团队集体备课研讨

推进高职思政课立体化教学改革,要常态化开展集体研究备课。一是,不断实现集体备课常态化,优化教学模式,创新教学思路。就思政课的相关课程采取什么样的教学模式,要通过开展常态化的集体备课中得到确立和完善。首先要立足于课程的性质和特点,把握课程教学目标,提前做好教学规划,深入分析课程内容要点,采用恰当的教学模式,创新教学思路。二是,不断实现集体备课常态化,实现教育资源共享。建立思政课集体备课机制,教研室定期开展集体备课活动,围绕教学重难点开展研讨,形成教学典型示范。形成一套可复制、可推广的共享课件、案例等教学资源。例如重庆城市管理职业学院对"毛泽东思想和中国特色社会主义理论体系概论"课程采用了"专题化"教学,将14章的内容重组为24个专题,每位思政课教师负责一个或多个专题的课件、案例、视频等教学资源的整理。教学实践中,在集体课件的基础上,教师可根据自身教学特点和学生特点,进行合理恰当的调整。这种集体备课的方式,既可以加强对教材内容的深入研究,拓展丰富教学资源,又可以充分发挥每位教师的优势,增强思政课感染力,提高思政课实效性。三是,不断进行课程研讨交流,提升课程质量。严格、高质地开展教学座谈,在教学中期和期末开展思政课教学交流,要注重学生主体地位,倾听学生的心声,了解行课中存在的问题,总结有效经验,优化教学管理方法,创新教学模式。四是,加强教学案例库建设,鼓励师生收集、整理、编写教学案例,形成有温度、有深度、有气度的案例集,讲好新时代的中国故事。举办教学优秀案例征集评选等活动,能够激发教师积极参与,以赛促教,将案例及时共享。例如把优秀案例编撰成书出版或融入在线开放课程中,成为供大家参考的教学资源。

(二)坚持研教互促提高实效

高职思政课立体化教学改革,注重科研与教学的紧密结合。只注重教学,不重视科研;或者只注重科研,不注重教学的做法都是不恰当的,教学与科研两者之间可以是互相促进与提升的关系。应该坚持教学与科研"两手抓",两手都要硬。

一是,教学思考能够为科研提供内容和方向。思政课教师在教学中对某一理论的思考,对学生某一提问的深究,对某种教学方法的尝试,对某种教学模式的创新等,这些对教学的思考和探索能够为科研提供内容。二是,科研成果能够为教学注入活力。思政课教师在做科研时,要及时结合教学中发现的理论难点和重点问题,以及教学模式和方法等问题,精心展开学术研究,最后形成类似论文、著作、课件、报告等研究成果,并将研究成果运用到思政课的实践教学中,不断丰富课堂教学内容的理论逻辑,促进教师课堂教学效果的进一步提高。

积极研究习近平新时代中国特色社会主义思想,把握时事热点,及时将党最新理论成果融入教学中。同时要积极开展理论问题研究,立足发展需求和现实问题,坚持问题导向,阐释好最新理论。

学校要积极打造教学团队和科研团队,鼓励教师积极申报各级各类的教学改革研究项目,促进教学和科研的结合,推进改革成果落地。既要注重对高职院校思政课发展的研究,又要注重对教材中理论的剖析,还要重视对学生所思所惑的关注。要发挥相关团队改革创新的能力,把握教学痛点,攻坚克难,寻求解决方案,提升育人效果。

（三）坚持学术交流促进合作

学术交流是推进立体化教学改革的必要环节,利于课程建设各取所长,补齐短板,发扬长板,提升建设质量。加强学术交流,一是,"走出去",有计划、分阶段、分批次派教师外出参加高水平的学习、交流、培训,拓展思政课教师的视野,不断吸取百家之所长,总结先进理念,促进师资队伍整体水平的提高。结合学校实际,在"对比中找差距,在学习中寻思路",创新思政课建设思路,推进学校思政课立体化改革。二是,"请进来",邀请全国高校思政课教学名师、教学能手等来本校进行经验交流,或是积极参与与之相关的线上线下示范教学、说课展示、经验分享等。三是,邀请马克思主义理论学科领域中知名的专家学者做学术报告,帮助思政课教师更加准确地理解马克思主义理论的主要内容及其精神实质,为思政课的课堂教学和科学研究提供有力支持。

七、高职思政课立体化教学改革始终坚持与时俱进

高职思政课建设要与时俱进,需要始终坚持课程改革,通过内容创新、形式创新,不

断建设能够满足学生需求、符合时代特点的思政课。从课程体系到教材体系的变迁，反映了我国高校思政课建设，能够不断顺应时代发展需要，把握思政育人规律，不断调整思政育人体系，引领学生成长为社会主义建设者和接班人。

从思政课内容来看，思政课教材不断修订，课程也随着时代需要作出相应调整。从教材表现形式来看，既注重传统教材开发，也应积极开发线上教学资源，丰富教学组织形式和手段。相关思政育人平台雨后春笋般建立起来，补充了大量教学资源，如图片、影视资料、经典案例等，推动了教学的有效开展。

第八章　高职思政课立体化教学改革的启示与展望

第一节　高职思政课立体化教学改革的启示

一、高职思政课立体化教学改革要坚持技术化与信息化为主导

信息化建设成为思政课改革的重要方向,发挥信息化在思政课教学中的应用,也被越来越多的高校所重视。高职院校思政课立体化教学改革首先要与技术紧密结合起来。要充分利用科学技术的作用,切实将思政课教学与科技联系起来,创新课堂模式,丰富授课方式。首先,实现教学形式的创新。信息化教学突破了过去传统教学的时空限制,延长了上课学习的时间,拓展了学生学习的空间,使学习更为便捷、高效。近些年,高校大力开发线上资源,形成了一大批精品在线课程,同时形成线上教学、混合式教学等新的教学形式和教学方法。尤其是思政课作为高职院校学生学习思想政治理论的第一课堂,将信息化教学引入高职思政课具有里程碑的意义。其次,要利用信息化技术,实现教学素材的快速创新。过去教学素材主要依托教材,教学资源,也局限于相关教学课件,使得相关教学资源内容陈旧、数量缺乏、质量不高,与学生现实和需求相距甚远,在一定程度上影响教学效果。随着信息化在思政课教学中的应用日益广泛,思政课网络平台建设,整合了海量的教学资源,囊括了图书、视频等各种形式资源,显示出了多样性、丰富性、开放

性、创新性等优势,也为思政课立体化改革提供了更多硬件支撑。

高职院校要推行思政课立体化改革,就要与信息化、科技化紧密结合起来,充分利用好信息化的优势提升信息化课堂的感染力、号召力。思政课立体化改革既顺应了时代发展的客观实际,契合了当代大学生的学习特点和思维习惯,又提升了教师教学能力和思维方式,实现了师生的共同发展。

二、高职思政课立体化教学改革要坚持"八个统一"为方向

2019 年 3 月 18 日,习近平在北京主持召开学校思想政治理论课教师座谈会并发表重要讲话,他提出思政课改革要坚持"八个统一",为思政课改革提供了方法论和整体思路。

(一)高职思政课立体化教学改革要坚持政治性和学理性相统一

(1)政治性。作为立德树人的关键课程,思政课应该充分发挥政治导向功能。思政课的政治性能够体现我国社会主义大学的鲜明特征。

(2)学理性。思政课是一门理论课,其本身内容具有较强的科学性和逻辑性,是一门具有系统知识体系和理论体系的课程。

高职思政课立体化教学改革要坚持政治性和学理性相统一,保证思政课的政治性,发挥思政课的学理性。要避免思政课政治性和学理性的脱节,如果只强调政治性,思政课就会被认为是"洗脑"或是"传话筒",容易引起学生的反感;如果只强调学理性,就会产生"学术中立",没办法承担提高学生政治素养的作用。因此,思政课的教学工作中,要坚持政治性和学理性相统一。思政课教师要坚定不移地讲政治,要以马克思主义理论为指导,加强学生对马克思主义理论及其中国化的学习,提高学生的思想道德素养和法律素养。同时,还要充分体现思政课程的学理性,通过其自身内在的学理魅力感染学生,让学生真心信服。思政课的政治性与学理性统一,体现在政治有学理的基础,用学理来表达政治。

要推动高职思政课立体化教学改革,首先要保证思政课的政治性,发挥思政课的学理性优势。思政课首先要把握正确政治方向,开展思想政治教育。有效的思想政治教育离不开扎实的理论阐释,只有把理论读通弄懂,才能使政治教育更具有说服力和可信度,

真正做到真懂、真信。高职思政课教学改革,要重视理论学习和阐释,用扎实的理论吸引学生,讲出理论的魅力。坚持以习近平新时代中国特色社会主义思想武装学生,用理论回应时代之问。

(二)高职思政课立体化教学改革要坚持价值性和知识性相统一

思政课的价值性与知识性统一,强调通过知识承载价值,以价值提升知识。

(1)价值性。思政课要加强对大学生的价值观引导,帮助大学生坚定理想信念,积极践行社会主义核心价值观等。

(2)知识性。思政课内容涉及的知识面比较广泛,涵盖了哲学社会科学的很多领域。思政课的知识性体现在通过知识理论的讲授,帮助学生分析问题,解答思想困惑。思政课的知识性不同于其他专业课的知识性,它是作为价值载体存在的。

思政课不仅要传授丰富的知识,加强大学生对理想信念、世界观、人生观、价值观、法治观等方面的知识教育,帮助学生构建起知识体系,更引导大学生培育坚定理想信念,树立正确的人生态度,掌握辩证思维。要避免思政课政治性和学理性的脱节,如果只讲价值性,忽视知识性,那么价值性便失去了载体,思政课就会变成抽象、空洞的说教;如果只讲知识性,不讲价值性,就会没有了灵魂。因此,思政课的教学工作中,要防止价值性和知识性相分离。

立德树人是高校思政课的根本任务,培育学生形成正确的世界观、人生观、价值观是思政课改革的重要方面。在一段时期内,思政教育重视学生知识目标的实现,忽视学生价值培育,一定程度上影响了思政育人效果。思政课要引导学生形成正确价值判断和选择,认同和弘扬社会主义核心价值观。

(三)高职思政课立体化教学改革要坚持建设性和批判性相统一

建设性和批判性,主要是从思政课对推进意识形态安全方面而言的。坚持建设性和批判性相统一,充分体现了思政课的时代使命。

(1)建设性。是指积极促进事物发展的性质,要全面发挥思政课的主渠道主阵地作用,为构建和完善当代中国哲学社会科学的话语体系和话语权不断奋进。

(2)批判性。在思政课教学中,敢于与一些不良思潮和错误观点作斗争,能够理直气壮地宣讲党的政策,旗帜鲜明地讲好中国故事。

坚持建设性和批判性相统一,要传播好马克思主义立场、观点、方法,用好批判的武器。直面意识形态中的错误观点和思潮,敢于批判、愿意批判、批判得好。立足批判性,着眼建设性,有"破"有"立",让思政课在引领和建设社会主义意识形态中发挥重要作用。

用矛盾的观点分析问题、解决问题,分析言论背后的深层次问题,以翔实的科学的分析回应疑惑,引导形成正确价值判断。要引导学生坚定人民立场,把握正确政治方向。要坚定理想信念,敢于正视问题,不断在与错误观念和思想的斗争中成长成才。

(四)高职思政课立体化教学改革要坚持理论性和实践性相统一

理论来源于实践、根植于实践,并接受实践的检验。马克思主义理论具有较强的实践性,是在实践中形成并不断发展的。把课堂教学和社会实践结合起来,把思政小课堂同社会大课堂结合起来。要避免思政课的理论性和实践性脱节的问题。如果只讲理论性,忽视实践性,就会使学生听得不知所指,思政课就会变成教条,削弱理论的魅力,降低思政课的吸引力和实效性。如果只讲实践性,忽视理论性,就会使实践缺乏目的性,缺少理论指导,减弱效果。还要注意思政课的理论性和实践性不一致的问题,防止出现有理论性、实践性,但是两者不一致的情况。

思政课立体化教学改革要推进实践教学改革,实现理论与实际密切联系。通过创新实践教学理念、方法和手段,提升实践教学效果,提升学习理论应用于实际的能力。在"思想道德与法治"这门课程中,实践教学围绕学生成长话题,帮助学生解决学业、情感、人际关系、职业规划等方面的困惑,通过参加实践活动,增强理论理解和实际能力的转化。在现实中,开展多样实践形式,形成校内校外相结合、思政课与专业课相结合的思政实践模式。同时利用现代化信息手段创新实践教学形式,通过开展线上调查、场景再现等虚拟实践手段提升实践效果。

(五)高职思政课立体化教学改革要坚持统一性和多样性相统一

要坚持统一性和多样性相统一,统一性是多样性的基础,多样性是统一性的发展。

(1)统一性。思政课不仅使用国家统一编写的教材,而且,它在教学目标、课程设置、教学管理等方面也有着统一要求。

(2)多样性。教师在思政课统一性的基础上,可以结合地方发展、学校实际情况、学生兴趣爱好和专业特点,根据自身教学特色,创造性地开展工作,从而形成多样性的教学方案。

　　如果只讲统一性,忽视多样性,就会照本宣科,固化枯燥,千篇一律,使思政课缺乏亲和力和针对性。如果只讲多样性,忽视统一性,就会偏离或是脱离教材,一味追求课堂热闹,缺乏教育实效,弱化思政课的思想性、理论性。因此,高职思政课立体化教学改革要坚持统一性和多样性相统一,在贯穿课程设置基本精神、遵循教育教学目标、结合教材主要内容的基础上,充分发挥教师的创造性,不断创新教学形式和教学方法,因地制宜、因时制宜、因材施教,使思政课真正"活"起来,成为学生真心喜欢、真正受益的课程。

　　学校思政课是开展马克思主义教育的主阵地,必须形成统一的、规范的教学要求,严格按照教学大纲和教材开展教学。高职教育改革要立足于思政课建设的统一性上,严格落实相关教学要求。同时也应该看到,在教学过程中,一味追求统一性,而缺乏教学的多样性,违背了马克思主义传播规律。这就要求改革必须不断结合实际发展,拓展教学的多样性,实现统一性要求下的多样性。例如在教学实施方面,既要形成高质量的线下课程,同时也要积极开展线上开放平台建设,改革过去单一的教学模式,形成线上线下结合的教学形式。

(六)高职思政课立体化教学改革要坚持主导性和主体性相统一

　　思政课的"教"与"学"是体现教师主导性和学生主体性的双向过程,要把充分发挥教师的主导性与切实尊重学生学习的主体性结合起来。

　　(1)主导性。开展思政课教学的主导者是教师,主导性明确思政课教师在教学工作中应该发挥的作用。思政课教师是课堂教学活动的组织者和实施者、引导者,在教学内容选择、教学过程设计、教学进程安排和教学活动评价等方面起着主导作用。

　　(2)主体性。学生是课程的接受者和参与者,认识活动和实践活动的主体。

　　坚持主导性和主体性辩证统一,不能以教师的主导性压制学生的主体性,但要防止过分强调学生的主体地位而消解教师的主导作用,不管偏重哪一方,都不利于思政课发挥实效性,也不利于学生成长发展。因此,高职思政课立体化教学改革要坚持主导性和主体性相统一,充分发挥教师的主导作用,全面统筹线上线下、课上课下的教学互联互通,同时还要尊重学生的主体地位,坚持以学生为中心,加大对学生的认知规律和接受特点的研究,利用各种教学形式,调动学生学习的积极性和主动性,提升思政课的教学效果。

高质量的教育需要教师和学生共同完成，既要发挥教师的主体性作用，引领课堂教学，也要发挥学生的主体性作用，调动学生参与到教学的全过程，实现师生的良性互动。传统的思政课教学中，主要依赖教师的"讲"，强调教师的主体性作用，弱化学生的主体地位。立体化教学改革就是要求要重视教师主导性作用发挥，也要充分调动学生学习的积极性，激发学生开展自主学习、探究学习、小组学习。通过创新教学模式，开展翻转教学、探究式教学，加强学生过程性考核，帮助学生转变学习观念，建立自主学习习惯并贯穿于线上和线下各环节，引导学生主动思考，积极参与，不断进步。

（七）高职思政课立体化教学改革要坚持灌输性和启发性相统一

坚持灌输性和启发性相统一，是思政课教育方法的有效整合。

（1）灌输性。灌输是思想政治教育的基本方法，思政课的内容不会自动跑到学生的头脑中，需要思政课教师对马克思主义理论进行系统详细的宣讲。

（2）启发性。思政课教师在教学工作中要开展启发式教学，引导学生发现问题、分析问题、思考问题。

如果只讲灌输性，忽视启发性，就会变成"填鸭式"教育，忽视学生的思想启发。如果只讲启发性，忽视灌输性，就会使学生头脑变得云里雾里，思想也容易行远走偏，得不到提炼和定论。思政课教师在教学中，坚持灌输性和启发性相统一，让学生了解和掌握基本理论知识，运用马克思主义理论来武装学生头脑；同时，开展启发式教学，采用探究式教学、讨论式教学等，巧设问题、循循善诱，充分调动学生主动思考和分析、解决问题的能力，引导学生水到渠成得出结论，让学生真心信服。

思政课作为巩固社会主义意识形态的重要阵地，要不断增强学生的政治认同和价值引导，做到知信行的统一。思政教学中需要开展灌输式教学，使学生认识和掌握党的理论、路线、方针、政策等。在思政教学中，既要重视直接的灌输式教学，也要根据实际需要开展启发式教学。灌输式教育是一种传统式教学，可以帮助学生迅速掌握所学重难点内容，但同时也存在学生理解不深入、学习兴趣不高等现实问题。启发式教学通过丰富生动的案例和相关教学素材引导学生自主思考，理解理论问题。立体化教学改革重视灌输式教学和启发式教学相结合，在教学模式的探索中要打破过去教师全盘灌输式教学，充分调动学生参与课堂的积极性，坚持以问题导向，引导学生独立思考。教师为学生搭建线上和线下多种途径开展教学交流，从而不断把理论内容内化于心，外化于行。

（八）高职思政课立体化教学改革要坚持显性教育和隐性教育相统一

坚持显性教育和隐性教育相统一，是对思政课课程观念的有益更新。显性教育和隐性教育，两者相辅相成、不可分割。

（1）显性教育。通过有组织的、有计划的、直接的、外显的教育活动使受教育者自觉地受到影响的有形教育。

（2）隐性教育。思想政治教育者将科学的世界观、人生观、价值观以及党的理论、路线、方针、政策等内容，以生动活泼、喜闻乐见的形式渗透在受教育者的日常生活中，使他们在不知不觉中受到熏陶。

思政课的内容是属于理论性、系统化的思想政治观念，需要采取正面教育方式来进行。思政课要以明确的，而不是采取间接隐晦、含糊其辞的方式来对学生进行教育。思政课教师要有自信和底气对学生进行思想理论教育，要理直气壮地讲思政课。同时，拓展教学资源，推动"思政课程"向"课程思政"的转变，挖掘其他课程思想政治教育资源。要将思想政治教育与学生的日常学习、校园活动结合起来，加强环境熏陶。要整合家庭、社团、企业等各种隐性教育资源，拓展思政课的影响深度和广度，形成较强的育人合力。在潜移默化中，达到润物无声的教学效果。如果只重视显性教育，忽视隐性教育，就无法达到显性教育应有的效果；如果只重视隐性教育，忽视显性教育，就会使思政课教育活动丧失价值导向。只有把显性教育和隐性教育结合起来，实现全员全程全方位育人，才能真正实现思政课的教育效果。

思政教育是一个系统的全面的工程，离不开各个方面、各个层级的共同努力。高职思政课立体化改革，要积极构建学校大思政教育格局，把思政课和专业课结合起来，把专任课教师队伍和学工队伍结合起来，把课程建设和校园建设结合起来，充分发挥各方面力量，形成育人合力。既要重视思政课程和课程思政的显性教育，也要重视校园环境以及校园活动等相关的隐性教育，不断弘扬社会主义先进文化融入教学和校园生活中，全面引导学生成为德智体美劳全面发展的新时代青年。

三、高职思政课立体化教学改革要实现"三个延伸"

第一，高职思政课立体化教学改革要实现"课堂"向"课后"的延伸。高校要实现立德树人的根本任务,充分发挥思政课关键作用,同时要不断探索思政教育的边界,拓展教育空间,充分利用"课后"时光。通过有效利用学生的"课后"时间开展思政教育,把理论与实践紧密结合起来,把课堂教育与校园活动结合起来、把线上教学和线下教学结合起来,实现全方位的高质量的思政教育。此外,对学生的思想教育效果测评,既包括课堂评价,也包括课堂外的表现,真正实现对学生的考核。

第二,高职思政课立体化教学改革要实现"理论"向"实际"的延伸。把理论学懂弄通,以理服人,以理化人,彰显马克思主义魅力。在教学实践中,单纯的理论育人离不开与教学的实际结合,构建起符合学生发展需要的话语体系和教学体系。随着时代的发展,学生成长特点和现实困惑发生了相应的变化,要紧密联系贴近学生实际和现实热点,用鲜活的生动的案例,更好地展示出理论的力量。

第三,高职思政课立体化教学改革要实现"课本"向"网络"的延伸。现在的高职学生大多是"00后",他们在网上查询资料、社交互动、购物消费,被称为"第一代移动互联网原住民"。

利用网络开展教学改革的重要突破口,一方面顺应了学生成长的特点,激发学生学习兴趣,另外一方面培养学生应用网络开展学习的习惯和获取信息的能力。思政课的信息化建设,对拓展思政课的广度、深度以及育人的温度具有重要突破。

四、切实注重教材体系向教学体系的转化

新中国成立以来,国家不断加大思政教材规划建设水平力度,推进统编教材建设,形成了一批理论水平高、可读性强、逻辑严密、体系完备的思政课统编教材,也推进了高等教育思政课教材的规范化使用,成为教师开展教学、引领学生思想发展的重要依据。近些年,思政课统编教材也不断随着理论创新、教育发展需要不断推陈出新,与时俱进,确保符合思政育人实际的需要,并在实践中取得了较好的效果,同时也应该看到在具体实践过程中,受到师资力量、学生素养、人才培养目标等因素影响,不同层次的高等学校育人实际千差万别,需要统编教材与实际教学结合,实现教材体系向教学体系转化,处理好共性和个性之间的关系,充分用好统编教材。

在实现思政课教材体系向教学体系转化的过程中,应该注意以下几点。第一,注重教学的转化。高职思政课从设置到教学完成,需要建立相应的课程体系、教材体系、教学

体系、教学实施体系、学生学习体系,并实现课程体系向教材体系、教材体系向教学体系、教学体系向价值体系转变。第二,注重创造性。教材体系向教学体系转化是根据环境和学生的实际情况,对教材的深入解读和再创造的过程。这个过程决定着课程的目标和内容体系,及其能否被学生所接受。教材向教学体系的转化,需要教师研读教材,研究学情,把握教学目标、教学重难点,精选教学案例,精心设计教学,通过创新话语体系让学生学有收获,完成教学任务。因此,要充分发挥思政课教师的创造性,科学、合理地促使教材体系向教学体系的转化。第三,注重差异性。在教学实际中,教师要把握两个差异,一是高职教育与本科教育的差异,二是专业的差异。我国现阶段,高职院校和本科院校使用统编教材,但由于双方在育人条件方面存在较大差异,即使在同一院校,同样存在专业差别,这就需要在教学中要因校而异,因材施教,实现教材体系向教学体系的转化。

同时,要重视发挥学生主体性作用,调动学生参与教学的积极性。采用学生喜闻乐见的方式,丰富教学手段,应用多媒体、微课、慕课等技术手段。思政课教师还要注重研读教材,精心设计教学,提高自身教学能力。思政课教师教学能力提升是一个艰难而复杂的过程,教材体系向教学体系转化既是一种检验思政课教师教学能力的有效途径,也是一种锻炼思政课教师教学能力的重要方法。

五、高职思政课立体化教学改革坚持多元立体化教学方式

推进高校思政课立体化教学改革就是要更好地构建多方位的立体课堂,不断用习近平新时代中国特色社会主义思想铸魂育人,更好地完成立德树人的使命任务。

第一,坚持优化教学方法。思政课理论讲授是基础,开展灌输式教学是思政课普遍使用的方法。在立体化教学改革中要坚持灌输和启发的统一,要求教师在教学方法中,既要升华传统的灌输式教学,也要注重启发式教学的应用,不断提升叙述性学习的自主性。相对于过去单一的灌输式教学,积极进行多样式灌输教学,以理说服学生,用情感染学生。启发式教学要通过实施翻转课堂、案例探究等多种形式开展,发挥学生的主观能动性,提升教学的积极性。

第二,坚持构建多渠道的教育。积极开展显性教育,利用课堂、校园环境建设开展正面宣传,不断提升学生的思想政治素养。同时积极挖掘隐性教育元素,合理、合情地融入学生的生活当中,使之在"润物细无声"中增强马克思主义理想信念。当前阶段,要大力

开发隐性教育资源,补充显性教育,使二者相互补充,取得良好的教学效果。

第三,坚持开展实践教学。思政课是一门理论与实践紧密联系的课程,发挥好实践课堂作用是对理论课堂的重要补充和延伸。教师要充分探究实践教学的方式、方法和评价等,构建起立体化实践课堂,与理论课堂相向而行,促进大学生知情意行的全面发展。推进思政课实践教学规范化建设,吸纳各方实践特点,挖掘自身实践教学优势,引导学生从实践深化理论、认识解决实践问题,在实践中增长本领和才干。

第二节　高职思政课立体化教学改革的展望

高职思政课立体化教学改革,关键在于扬长避短,要结合本校实际情况和高职学生现实需要,更好地在以下几个方面下功夫,不能简单地照搬照抄别人经验。如果搞一刀切,会造成教学效果不如传统教学、教师的教和学生的学都处于尴尬的局面。

一、善用"大思政课",推进改革创新

习近平总书记指出"大思政课要善用之",这为高职思政课立体化教学改革提供了重要方向。结合时代发展,从历史维度、现实维度、国际维度分析善用大思政课的着力点,为今后高职思政课立体化教学改革拓宽思路。

历史维度:充分利用历史文化资源。中华文化源远流长,在历史发展中积淀了宝贵的精神财富。优秀传统文化能引导人向善向美,成为担当历史大任、勇毅前行的奋斗者,这与思政课育人具有一致性。同时传统优秀文化更好地体现中国风格和中国形式、中国气派,引起学生的共鸣和思考。无论是中华优秀传统文化、革命文化以及社会主义先进文化,都能为思政课建设提供大量生动的富有生命的教学案例,拓宽学生视野,丰富教学内容,升华教学任务,实现教学深度的提升。

现实维度:挖掘和引入社会资源。高职思政课教师要将社会中生动的素材引入思政课的讲授中,回应学生所关注的现实问题,做到理论联系实际,实现教材向教学的转化。再者,根据教育主题和内容,邀请社会各界代表人物走进思政课堂,例如讲劳动精神、抗

疫精神、脱贫攻坚等内容时,邀请劳动模范、抗疫英雄、脱贫攻坚榜样进入课堂,结合教学内容,让他们分享自身经历和感悟。充分利用社会中的教育资源,把思政小课堂和社会大课堂紧密联系起来,增强思政课的亲和力、感染力和针对性,增强思政课的实效性,把思政课打造成为学生终身受益的课程。

国际维度:扩宽国际比较视野。扩宽国际视野,了解国际风云和世界发展趋势。立足两个大局,在大变局中,正确认识中国和世界发展趋势,不断顺势而为。在这样的情况下,要明确我们应对大变局的中国智慧和中国方案。在波诡云谲的国际关系中,保持清醒头脑,走好自己的路,为实现中华民族伟大复兴而努力奋斗。要注重讲好中国故事,例如中国的疫情防控故事、脱贫攻坚故事等,传播好中国声音,阐释好中国特色。

二、进一步优化教学评价指标体系

教学评价是高职思政课立体化教学改革的重要组成部分,要建立科学、完善的教学评价指标体系,发挥价值导向作用,形成与教学目标培养相一致的评价体系,促进思政课质量提升。

为了提升高职思政课立体化教学改革,进一步优化教学评价指标体系,需要坚持以下原则:

第一,坚持政治原则。思政课要增强学生对社会主义、对共产党领导的认同,必须旗帜鲜明地讲政治。在教学评价中,要着重对学生的政治素养进行考查,确保政治立场坚定,弘扬社会主义核心价值观,贯穿于评价考核的始终。

第二,坚持系统性原则。高职思政课教育评价是一个多维度多方面的系统,为了保证教育质量,需要综合审视各种因素和联系,评价指标项的设计要系统化。在实践中,要将定性评价与定量评价、过程性评价与结果性评价有机结合,并积极探索增值性评价,构建较为全面的高职思政课教学评价体系,保证评价结果的客观与公正。

第三,坚持科学性原则。如果评价不是基于客观事实的价值判断活动,那么评价就没有丝毫意义。评价的内容要客观真实,评价的方法要科学合理,评价的范围要全面多维等,真实地反映思政课教育的实际情况,体现教育各个方面之间的关系,为思政课的改革和发展提供客观科学的依据。

第四,坚持可行性原则。可行性原则是高职思政课教学评价的重要内容。高职思政课评价体系的建立是为了可行、可操作,再完美的评价体系,如果它不可行,那么说明它不适合该校。应该基于我国国情,充分结合学校实际、学生成长发展规律、高职思政课特点,建立可行、可操作的高职思政课教学评价体系。

第五,坚持动态性原则。思政课不仅仅是向学生传授知识,还包括对学生能力的培养和思想素质的提高。知识转化为学生能力和自身素养是一个久久为功的过程。思政课的效果有时即刻显示出来,有时需要一定的时期才能显示。有时是直接的,有时又是间接的。因此,教学评价指标体系的构建中,要坚持动态性原则,注重课内课外、线上线下、校内校外等场域和环节,将动态性评价和静态性评价结合起来。

三、进一步完善思政课教师考核评价体系

在党和国家的高度重视下,各高校加大思政队伍建设,不断配齐配强思政课教师队伍,师资力量显著提升,为推进思政课立体化教学改革,奠定了坚实的基础。思政课教师队伍建设是一个历史的过程,当前思政课也存在一些问题亟待解决。受学校重视投入程度、办学条件、发展历史等原因影响,一些高职院校没有达到 1:350 的师生配比。近年来,这些学校快速扩充思政课教师队伍,在较短时间内完成了思政课教师队伍的配比要求,数量上可以满足学校思政课的教学需要。随着思政课教师数量规模的扩大,部分学校思政课教师队伍建设又出现了结构失衡、质量参差不齐等新问题。受到已有教学评价的影响,思政课教师存在教学与科研之间难以兼顾的现象,以及部分中青年教师理论功底不够深厚、政治敏锐性不强,承担的任务过重,容易功利浮躁,疲于奔波应付的现象。结合思政课教师队伍建设中存在的实际问题,高职思政课立体化教学要注重优化师资配备、考核评价、激励引导等方面,协同激发思政课教师队伍活力。下一步,要瞄准思政课教师队伍建设的难点和瓶颈。

首先,在教师配备方面,注重数量与质量。健全思政课教师准入制度,严把入职门槛,完善思政课教师配齐建强机制。不能为了完成不低于 1:350 的师生比就降低门槛。如果思政课教师队伍没有数量与规模,就没办法达到学校思政课的教学需要;如果思政课教师队伍只有数量、没有质量,那么思政课育人效果就会大打折,甚至产生负面影响。因此,高职思政课教师队伍建设,既要保证思政课教师队伍的数量,又要避免为了完成配齐任务而忽视教师队伍的质量。要将"配齐"和"建强"结合起来,优化思政课教师队伍

的年龄、学历、职称等结构,进一步提高思政课教师队伍的综合素质和水平,打造一支以思政课专职为主、兼职结合、数量达标、质量过硬的高职思政课教师队伍。

其次,改革思政课教师考核评价机制。制定严格的、科学的思政课评价考核机制,对于提升教师综合素养,推动思政课教学改革作用明显。过去相当长一段时期内,对思政课教师的评价考核过于宽泛,过多关注教师的科研成果,忽视教师教学,未能做到精准施策。围绕立德树人的根本任务,思政课教师考评是包括政治素养、专业素养、教书育人、科研成果、师德师风等一系列内容构成的统一。构建新的考评机制,要把好政治关、师德关、业务关。

再次,要健全思政课教师激励机制,提升教师的责任感和荣誉感,增强职业认同感。对教师比赛、教学成果、科研成果获得荣誉的教师给予相应激励,同时要合理设置机制,形成积极向上、良性竞争的激励格局,避免影响教师的积极性。

四、优化高职思政课立体化教学改革方法

提高高职思政课的教学效果,是高职思政课立体化教学改革的目的,同时也是每一位思政课教师应当仔细思考的问题。要从学生的实际出发,掌握学生学习特点和规律,结合课程内容,有序开展立体化教学改革。推进思政课立体化教学改革也要与时代发展紧密联系,创新引入现代化教学手段,开展信息化教学探索。例如,在互动讨论时,教师可以利用超星等APP发起讨论,每个同学将自己的想法通过APP展现出来,避免了课堂上由于时间的限制一些同学想表达而没机会表达自己想法的情况。总结高职思政课立体化教学的建设实践,在高职思政课的日常教学中注重采用多种教学方法,以讲授法为主,辅之以小组讨论法、案例分析法、情境创设法等,活跃课堂气氛,启发学生自主思考,发挥学生主体性作用。采用研究式教学方法的过程中,教师发挥主导作用,学生作为问题探究的主体,按照自主、合作、探究,发挥学生主观能动性,促使学生积极探索,分析原因,解决问题。采取互动式教学方法的过程中,通过营造互动环节,促使教学双方平等交流,实现师生互动、生生互动,激发双方的主动性和探索性。要注重师生互动、生生互动两者的有效结合。注重团队合作和朋辈教育。此外,目前高职院校实践教学在不断地加强建设,但是整体而言发展还是呈现出参差不齐的情况,部分院校对实践教学重视程度不够。理论联系实际是实现高职学生知识、能力、素养三维目标中的重要一环,若想充分

发挥高职思政课的育人作用,实践教育环节必不可少,且必须大力加强,让学生在实践中接受生动的爱国主义、党史教育,培养学生的民族精神和使命担当。

参考文献

（一）著作类

［1］习近平. 习近平谈治国理政（第一、二、三卷）［M］. 北京：外文出版社，2014，2017，2020.

［2］本书编写组. 习近平总书记教育重要论述讲义［M］. 北京：高等教育出版社，2020.

［3］李芳. 高校思想政治理论课教学方法科学化研究［M］. 北京：中央编译出版社，2019.

［4］董前程. 高校思想政治理论课教学模式改革研究［M］. 北京：中国社会科学出版社，2018.

［5］王能东. 高校思想政治理论课教学论［M］. 北京：人民日报出版社，2017.

［6］刘艳军，田建湘. 高校思想政治理论课教学改革研究与实践［M］. 北京：中国书籍出版社，2016.

［7］钱明辉. 思想政治理论课教学方法改革新探："12358 教学法"及其实践教学模式［M］. 北京：人民出版社，2015.

［8］孟宪生，李忠军. 全国高校思想政治理论课教学方法改革年度发展报告（2014）［M］. 北京：高等教育出版社，2016.

［9］王立仁. 学生思想政治教育论纲［M］. 北京：中国社会科学出版社，2015.

［10］李林英，郭丽萍. 新媒体环境下高校思想政治教育教学研究［M］. 北京：人民出版社，2014.

［11］王炳林. 思想政治理论课教学方法创新研究［M］. 北京：北京师范大学出版社，2011.

[12] 郑永廷.思想政治教育方法论[M].北京:高等教育出版社,2010.

[13] 教育部社会科学司.普通高校思想政治理论课文献选编(1949—2008)[M].北京:中国人民大学出版社,2008.

[14] 艾四林.思想政治理论课新体系与教师队伍建设研究[M].北京:清华大学出版社,2008.

[15] 万美容.思想政治教育方法发展研究[M].北京:中国社会科学出版社,2007.

（二）论文类

[1] 滑登红,李慧,高聪聪.高职院校思想政治理论课教学改革与实践:以山西财贸职业技术学院"三三制"改革为例[J].教育理论与实践,2022,42(15):24-26.

[2] 赵志业,赵延安.新时代高校思政课教学有效性提升的逻辑理路与方法创新[J].中国大学教学,2022(5):61-68.

[3] 马明,徐斌.新时代高校思想政治理论课教学模式探索:以天津大学"概论"课"授课小组制"改革为例[J].思想政治教育研究,2022,38(2):121-124.

[4] 王晓广,郝永华.思想政治理论课"政治性与学理性相统一"的实践维度探析[J].思想政治教育研究,2022,38(2):14-18.

[5] 赵静.运用精准思维助力思想政治理论课改革创新[J].思想政治教育研究,2022,38(2):19-23.

[6] 谷佳媚,宋晓珂."四位一体"立体化实践教学模式成功经验探析[J].河南教育(高等教育),2022(3):27-29.

[7] 李巧针.新时代高校思政课教学改革:问题与思路[J].中国大学教学,2022(Z1):102-106.

[8] 王学俭,李东坡,李晓莉.新时代高校思政课教学协同创新的内涵、重点与对策[J].兰州大学学报(社会科学版),2022,50(1):87-97.

[9] 王岳喜,张云芳.职业院校思政课混合式教学模式特征分析及实施路径[J].中国职业技术教育,2020(1):46-50.

[10] 王学利,夏依丁·亚森.全国高职高专院校思想政治理论课师资队伍建设暨思想政治理论课实践教学高峰论坛综述[J].思想理论教育导刊,2018(12):148-150.

[11] 李春萌.高职思想政治理论课"四化"改革实践[J].中国职业技术教育,2018(32):

93-96.

[12] 韩宪洲.改革开放以来高职高专院校思想政治理论课建设的主要成绩和基本经验[J].思想理论教育导刊,2018(11):9-13.

[13] 李晓培,胡树祥.高职院校思想政治理论课的理论特质与教学实践[J].思想理论教育导刊,2019(12):121-124.

[14] 张咏丽,代建军.现代职业教育改革下高职院校思想政治理论课建设的意义、问题与路径[J].黑龙江高教研究,2019,37(12):93-96.

[15] 马广水,王岳喜,李敏.高职高专院校思想政治理论课教学方法创新与实践:全国高职高专院校思想政治理论课"教学方法改革与创新"论坛综述[J].思想理论教育导刊,2019(3):157-159.